ricette vegetariane

ricette vegetariane

per freschi e stuzzicanti
piatti senza carne

Chloe Coker, Jane Montgomery
fotografie di William Reavell

red!

Dedica
Per la nostre mamme, le cui cucine erano il cuore della casa.

Senior Designer Sonya Nathoo
Photographic Art Direction Megan Smith
Editor Ellen Parnavelas
Production Gary Hayes
Editorial Director Julia Charles
Art Director Leslie Harrington

Prop Stylist Jo Harris
Home Economists Chloe Coker e Jane Montgomery
Food Stylist Rosie Reynolds

Traduzione di Simona Garavelli dall'originale inglese *The Vegetarian Pantry*

20–21 Jockey's Fields
London WC1R 4BW
e
519 Broadway, 5th Floor
New York, NY 10012
www.rylandpeters.com

red! è un marchio Il Castello srl
Via Milano 73/75 - 20010 Cornaredo (MI)
Tel. 02 99762433 - Fax 02 99762445
www.ilcastellogroup.it
www.rededizioni.it

Stampato in Cina

note

- Le misurazioni a cucchiaio si intendono a cucchiaio raso, se non diversamente specificato.

- Il burro si intende non salato, se non diversamente specificato.

- Le uova si intendono medie o grandi, se non diversamente specificato. Dove possibile, si raccomanda di usare uova biologiche di galline allevate a terra. Piatti contenenti uovo crudo o parzialmente cotto, così come pesce crudo o molluschi e crostacei crudi, non dovrebbero essere dati a bambini, anziani, a persone con il sistema immunitario compromesso o a donne in gravidanza.

- Se la ricetta prevede la scorza grattugiata di un agrume, acquistate frutta non trattata con cera antiparassitaria e lavatela accuratamente prima dell'uso. Se trovate solo agrumi trattati, strofinateli bene in acqua tiepida e risciacquateli prima dell'uso.

- Il forno va preriscaldato alla temperatura specificata. Ogni forno funziona in modo leggermente diverso. Raccomandiamo l'uso di un termometro e la consultazione del manuale del fabbricante per indicazioni particolari, soprattutto se utilizzate un forno ventilato/a convezione, poiché sarà necessario regolare la temperatura secondo le specifiche.

- I formaggi ottenuti da caglio animale non sono conformi a una dieta rigorosamente vegetariana, per cui leggete attentamente le etichette e, se necessario, controllate che il formaggio acquistato sia ottenuto da un agente non-animale (microbico). Nella preparazione del tradizionale parmigiano si usa caglio animale, perciò consigliamo l'uso di formaggi che impieghino caglio di origine vegetale, come il gran moravia (che ha la stessa consistenza, ed è quindi ideale da grattugiare) o il verdiano (un prodotto vegano). Oggigiorno sempre più produttori producono versioni vegetariane di formaggi tradizionalmente non-vegetariani, come il gruyère o il gorgonzola. Cercate su internet negozianti e grossisti della vostra zona.

sommario

introduzione

Niente ci dà più piacere che girovagare per il mercato all'aperto, o persino per il supermercato, e guardare cosa c'è di fresco in offerta. In qualunque momento dell'anno ci si imbatte in un assortimento infinito di frutta e ortaggi, tutti di diverso colore e consistenza: dalle patate ancora sporche di terra alle carote un po' storte, alle zucche variopinte e alle molteplici varietà di pomodoro. Se a questi si aggiungono i più disparati cereali, legumi, noci e semi, oltre alle erbe aromatiche fresche ed essiccate, e alla frutta in conserva sempre a disposizione, ecco che ci si ritrova con una dispensa naturale ben rifornita, piena di ingredienti pronti ad andare a comporre una quantità illimitata di piatti gustosi.

Stranamente, spesso non è questa la percezione che abbiamo della cucina vegetariana. Malgrado l'esistenza di prelibati piatti senza carne, quelli vegetariani sono spesso ritenuti insipidi, scialbi e complicati. A nostro parere niente potrebbe essere più lontano dalla verità. Un esempio negativo non è mai l'unico esempio, ma un esempio negativo può scoraggiare una persona per tutta la vita.

Allora perché abbiamo scritto questo libro? Nessuna di noi due è strettamente vegetariana, ma entrambe amiamo cucinare piatti senza carne, freschi, salutari e di stagione. Chloe, la cui madre è stata vegetariana per più di quarant'anni, è cresciuta in una cucina vegetariana. Jane era alla ricerca di interessanti ricette senza carne per se stessa e per i clienti, ma non trovava l'ispirazione e le idee che le servivano. Una confidenza davanti a una tazza di tè ha avuto come esito l'idea di realizzare un libro di ricette semplici e gustose, che non costassero un occhio della testa e fossero allettanti per chiunque: dai tradizionali cuochi vegetariani, come la madre di Chloe, ai consumatori di carne, come i clienti di Jane, alla ricerca di qualcosa di nuovo.

Il nostro intento non è predicare, pontificare né fare proselitismo, ma semplicemente condividere la nostra passione per i piatti freschi e di stagione e offrirvi idee, incoraggiamento e fiducia quando siete ai fornelli, che siate vegani o vegetariani rigorosi, consumatori di carne alla ricerca di una dieta più variata o padroni di casa in attesa di un ospite vegetariano a cena e totalmente a corto di idee. Speriamo di riuscire a fornirvi strumenti, fiducia e ispirazione per abbracciare questa fantastica cucina e provare qualcosa di completamente nuovo.

Le ricette di questo libro sono destinate alla cucina quotidiana di casa e a semplici trattenimenti – con idee nuove per ogni diversa occasione – da un brunch in atmosfera rilassata a una bicchierata con gli amici, a pranzi leggeri e veloci cene infrasettimanali per la famiglia. Tutte le ricette sono concepite come punto di partenza per la vostra cucina e sono facilmente adattabili a particolari gusti o necessità dietetiche, agli ingredienti che avete in dispensa e in frigorifero o alla frutta e verdura fresca e di stagione che ha richiamato il vostro occhio nei negozi o al mercato.

Ove possibile, abbiamo cercato di soddisfare le più diverse necessità dietetiche, e inserito alcune opzioni vegane e senza glutine. Molte delle ricette possono essere facilmente modificate per adattarsi a specifiche esigenze alimentari: i latticini possono semplicemente essere omessi (laddove costituiscono una guarnitura al momento di servire) e il frumento (o altri ingredienti contenenti glutine) può essere sostituito con prodotti alternativi senza glutine facilmente reperibili, così che chiunque potrà usare e apprezzare il nostro libro.

Chloe e Jane

una sana dieta vegetariana

Esistono molte definizioni di dieta vegetariana, e molte ragioni per cui le persone scelgono una certa dieta: etiche, ambientali, mediche, religiose, finanziarie o semplicemente personali. La dieta vegetariana può escludere solo la carne, oppure anche le uova o i latticini (o entrambi); qualcuno preferisce adottare una dieta totalmente vegana, priva di qualunque ingrediente di origine animale, compreso il miele.
È importante che, quando si eliminano gruppi di alimenti dalla propria dieta, l'equilibrio dei componenti alimentari fondamentali sia preso in considerazione e conservato.

che cos'è una dieta vegetariana?

Non esiste un'unica definizione di dieta vegetariana. Per le finalità di questo libro, abbiamo dato un'interpretazione ampia a quella che è la dieta vegetariana, e incluso uova e latticini. Laddove abbiamo usato prodotti come formaggio e vino è normalmente possibile reperirne le versioni vegetariane. Nel caso in cui osserviate una dieta più stretta, le ricette sono tutte facilmente adattabili alle vostre necessità, e in molti casi uova e latticini sono indicati solo come elementi opzionali al momento di servire in tavola.

La dieta vegana non contempla alimenti di origine animale come latticini, gelatina o miele.
Questo libro contiene diverse ricette vegane, ma molte altre ricette possono essere modificate in altrettante versioni vegane, sia escludendo alcuni ingredienti sia sostituendoli con alternative vegane come prodotti derivati dalla soia.
Queste ricette sono indicate con il simbolo Ⓥ.

Sebbene gli alimenti senza glutine non facciano parte della cucina vegetariana, sono ormai sempre più diffusi e quindi reperibili con facilità. Quasi tutti sanno che il glutine si trova negli alimenti preparati con il frumento, ma in realtà può essere presente anche in alimenti 'insospettabili' come il gelato, il ketchup e il lievito in polvere. Nel nostro ricettario abbiamo inserito un certo numero di **ricette senza glutine, indicate con il simbolo** ⊗.
Le alternative senza glutine agli alimenti quotidiani e agli ingredienti di cucina sono oggi disponibili ovunque. Altrimenti provate a sostituire le farine a base di frumento con farine alternative come quella di legumi (farina di ceci).

Proprio come il concetto di essere vegetariani può variare enormemente, altrettanto enormemente possono variare le necessità alimentari associate a ciascun tipo di dieta vegetariana. Mentre una dieta vegetariana ben bilanciata può essere una scelta salutare (spesso le diete vegetariane comportano un basso apporto di grassi saturi e colesterolo, e una più consistente assunzione di fibre e antiossidanti), una dieta sbilanciata può essere carente di elementi fondamentali come proteine, ferro, omega 3, calcio e alcune vitamine (in particolare la vitamina D e B12).
Questo soprattutto nel caso di alcune diete vegane.
Ne consegue la necessità che le diete siano ben bilanciate e complete dal punto di vista nutrizionale, assicurandosi che contengano un equilibrio di alimenti naturalmente ricchi di particolari nutrienti o, laddove necessario, completandole con integratori alimentari.
Donne che allattano, donne in gravidanza e anziani dovrebbero prestare particolare attenzione a una dieta ben bilanciata.

principi nutritivi fondamentali nella dieta vegetariana

CARBOIDRATI E FIBRE Sono solitamente presenti in abbondanza in una buona dieta vegetariana o vegana: consumare un ampio assortimento di frutta e verdura, se possibile con la buccia, assieme a crusca, patate e cereali integrali dovrebbe fornire tutto l'apporto necessario.

PROTEINE Non solo servono al corpo per crescere e rigenerarsi e per produrre enzimi e ormoni, ma danno anche la sensazione di sazietà. Un soggetto medio dovrebbe consumare 45-55 g di proteine al giorno. Nel caso di una dieta senza carne può essere più difficile trovare fonti complete di proteine. Ma a questo si può porre rimedio consumando un giusto assortimento di alimenti nel corso della giornata e mescolando proteine di diversa origine in un unico piatto, per esempio cereali con legumi, frutta secca o semi. Soia, uova, latte e formaggio sono tutti eccellenti fonti di proteine, ma si rischia di assumerli in eccesso. Per la preparazione dei vostri piatti prevedete l'utilizzo di lenticchie, fagioli, ceci e cereali integrali: nelle ricette sono spesso intercambiabili, perciò potete usare ciò che avete in dispensa. Aggiunta alle insalate, o usata come sostituto del riso, la quinoa è una valida fonte di proteine. E una spolverata di noci sminuzzate o di semi è un ottimo modo per aggiungere proteine a qualunque piatto.

VITAMINE ESSENZIALI E MINERALI A volte possono scarseggiare nelle diete vegetariane. Fate attenzione al processo di cottura: cercate di mangiare sostanziose quantità di verdura cruda, e fate cuocere al vapore o sbollentate gli alimenti per mantenerne il più possibile inalterati i principi nutritivi. Chi mangia latticini e/o uova può trovare in essi molte vitamine essenziali (A, B12 e D). Per chi non mangia latticini, alimenti arricchiti, come i cereali per la colazione e il latte di soia, sono buone fonti di vitamine, così come gli ortaggi verdi. La vitamina C, presente negli agrumi, in genere si trova in abbondanza nelle diete vegetariane e vegane. Non è solo importante per il corpo, ma favorisce il rilascio di minerali dai legumi e dalla verdura e aiuta l'organismo ad assorbire il ferro.

CALCIO È presente in abbondanza nei latticini, ma chi esclude questi alimenti dalla propria dieta dovrebbe consumare grosse quantità di ortaggi verdi come cavolo navone e broccoli, oltre a semi di sesamo, fagioli e noci. Il calcio è anche presente nel latte di soia e nei succhi di frutta.

FERRO Può scarseggiare nelle diete prive di carne, ma consumare un assortimento di verdura in foglia, frutta secca, fagioli, noci, semi e tofu aiuterà a prevenire la carenza.

ACIDI GRASSI Di solito le diete vegetariane hanno un basso contenuto di grassi saturi. Il latticini sono una buona fonte di acidi grassi, ma è meglio non fare troppo affidamento su di essi. Semi, noci e soia sono una buona fonte di grassi. Un utile accorgimento è impiegare diversi tipi di olio: olio di noce, olio di colza e olio di semi di lino possono tutti essere usati sia per cucinare che per insaporire.

FELICITÀ Alcuni alimenti della vostra dieta dovrebbero essere consumati semplicemente per nutrire lo spirito e farvi star bene. I dolci, per esempio, hanno un basso valore nutritivo ma hanno sicuramente il potere di fare spuntare il sorriso!

la dispensa vegetariana ben rifornita

Una dispensa ben rifornita è il punto di partenza fondamentale per creare appetitosi piatti vegetariani tutti i giorni della settimana, che si voglia provare qualcosa di nuovo o che si sia alla ricerca di una soluzione veloce. Qui di seguito troverete una guida essenziale di ciò che non dovrebbe mai mancare.

nella dispensa

PRODOTTI PER PREPARAZIONI AL FORNO

Farina • farina tipo 00, farina tipo 0, farina integrale, farina di legumi.
Agenti lievitanti • lievito istantaneo, lievito in polvere e bicarbonato di sodio.

DOLCIUMI

Zucchero • zucchero di canna, zucchero semolato
Cioccolato • cioccolato fondente (70% di cacao).
Miele e sciroppi • miele, sciroppo di agave, melassa di mais e sciroppo d'acero.
Vaniglia • estratto di vaniglia di buona qualità, pasta di vaniglia o baccelli di vaniglia essiccati.

CEREALI E LEGUMI

Cereali • riso, riso selvatico, orzo, bulgur, quinoa, couscous e fiocchi d'avena.
Legumi • lenticchie verdi, rosse e lenticchie di Puy, fagioli rossi kidney secchi o in scatola, fagioli di Lima e ceci.

FRUTTA SECCA E SEMI

Frutta essiccata • uva sultanina e albicocche.
Frutta secca • mandorle macinate, mandorle affettate, gherigli di noce, nocciole e pinoli
Semi • semi di sesamo e di papavero.

CONSERVE

Pomodori • polpa di pomodoro in pezzi in lattina, passata di pomodoro, concentrato di pomodoro.
Verdura essiccata • pomodori secchi, porcini secchi.
Verdura sotto vetro • carciofi, olive e capperi.

OLIO E ACETO

Olio per cucinare • olio extravergine di oliva, olio di colza, olio di semi.
Olio per condire • olio extravergine di oliva, olio di sesamo, olio di noci, olio di nocciole e olio al tartufo.
Aceto • aceto bianco, aceto rosso, aceto di sherry e aceto balsamico di buona qualità.

ERBE AROMATICHE E SPEZIE

Fresche • basilico, menta, coriandolo, rosmarino, timo, salvia, prezzemolo (l'ideale sarebbe coltivarle in vaso).
Essiccate • origano, rosmarino e timo.
Spezie • peperoncino piccante macinato, paprica affumicata (pimentòn), cannella, curcuma, cumino e noce moscata.

ALTRI CONDIMENTI

Dadi di buona qualità o preparato per brodo.
Senape • senape di Digione, senape inglese e senape a grani interi.
Sale e pepe nero • macinato al momento è sempre meglio; inoltre sale in scaglie (o sale di Maldon) e sale da tavola.
Spezie in pasta • zenzero fresco, aglio, peperoncino piccante, pasta pronta di curry, harissa ecc.

nel frigorifero e nel freezer

LATTICINI ECC.

Uova • possibilmente biologiche e di galline allevate a terra.
Burro • sia salato che non salato per le preparazioni al forno.
Formaggio • parmigiano, cheddar, feta e hallumi (se lo preferite non ottenuti da caglio animale).
Tofu • al naturale, marinato e affumicato.

FRUTTA E VERDURA SURGELATA

Verdura • spinaci, piselli, fave ed edamame (fagioli di soia).
Frutti di bosco • in assortimento.

ALTRI ALIMENTI SURGELATI

Impasto per dolci ecc. • pasta sfoglia e pasta fillo, dischi di pasta pronta per ravioli cinesi.

per una buona conservazione

Quando programmate il rifornimento della dispensa, pensate a ciò che fa andare a male il cibo: batteri, calore, aria e umidità possono tutti rovinare gli ingredienti. Qui di seguito trovate alcuni suggerimenti per conservarli in condizioni ottimali. Ricordate di svuotare regolarmente la dispensa, così che anche gli ingredienti più costosi non finiscano dimenticati in qualche angolino buio.

CONTENITORI

Contenitori di vetro, latta, ceramica e plastica dotati di coperchio sono perfetti per conservare ingredienti secchi quali riso, fagioli, lenticchie, frutta secca, farina e cereali. Accertatevi che i contenitori siano perfettamente puliti e asciutti, ermetici, con la guarnizione in buono stato e che l'etichetta riporti con chiarezza il contenuto e la data di scadenza. Se possibile, riponeteli in un ambiente fresco e asciutto a temperatura costante.

CONSERVE

Ricavate il massimo dai prodotti di stagione preparando marmellate, sottaceti e chutney. Preparare conserve di frutta e frutti di bosco sciroppati o sotto spirito da consumare durante i mesi invernali dà grande soddisfazione. Assicuratevi che i vasetti siano correttamente sterilizzati, e conservateli a temperatura costante in ambiente fresco e buio. Provate la nostra ricetta della Marmellata di peperoncino (p. 66) e quella del Ketchup speziato fatto in casa (p. 64).

SURGELAZIONE

È possibile prolungare la conservazione di molti ingredienti tenendoli nel freezer. Frutta secca, semi, erbe aromatiche fresche e spezie macinate si prestano tutti ottimamente a essere surgelati. E tenere nel congelatore ingredienti un po' più insoliti, come pasta fillo e dischi di pasta pronti per ravioli cinesi significa averli sempre a portata di mano. Potete anche pianificare in anticipo i menu, e preparare una scorta extra di impasto per dolci o di pane da congelare, o tenere qualche pietanza pronta in freezer come la Moussaka di verdura e lenticchie (p. 99) o la Tajine di verdure (p. 104).

Anche gli ortaggi in sovrappiù possono essere congelati. Potete trasformare i pomodori avanzati in una salsa veloce da tenere in freezer. O tritare le erbe aromatiche avanzate, immergerle nell'acqua e farle congelare negli stampi per cubetti di ghiaccio.

colazione e brunch

La colazione è il pasto più importante della giornata, perciò cominciatela bene scegliendo una di queste squisite alternative. Che sia un muffin da prendere al volo e gustare andando al lavoro, un brunch consumato in tutta calma con gli amici o una colazione solitaria con caffè e giornale, in questa sezione troverete una ricetta adatta a ogni mattina.

pane di farina di mais

Ci sono molti modi per fare il pane di farina di mais, e un'infinità di possibili ingredienti aggiuntivi. Questa è la nostra ricetta base preferita, in cui compaiono le aggiunte che secondo noi la rendono più gustosa. Sperimentate pure liberamente: la ricetta è perfetta sia nella versione base, sia preparata con le più svariate erbe aromatiche e formaggi.

260 g di farina di mais
75 g di farina tipo 00
1 ½ cucchiaino di lievito in polvere
1 cucchiaino di sale
1 cucchiaino di zucchero
100 g di zucchero di canna
1 uovo grosso
360 ml di latte parzialmente scremato
5 cucchiai di olio di semi
1 peperone arrosto sminuzzato
i chicchi di una pannocchia cotta oppure 180 g di mais dolce in scatola
1 peperoncino piccante fresco sminuzzato
2 cucchiaini di peperoncino piccante tritato
1 ½ cucchiaio di prezzemolo fresco, grossolanamente tritato
30 g di feta o di formaggio di capra sbriciolato
burro al momento di servire (facoltativo)

uno stampo per plumcake di medie dimensioni rivestito di carta da forno

Dosi per 4-6 persone

Preriscaldate il forno a 200 °C.

Mettete la farina di mais, la farina tipo 00, il lievito in polvere, il sale e le due qualità di zucchero in una terrina, quindi amalgamate. In un'altra terrina unite l'uovo, il latte e l'olio sbattendo leggermente con una frusta. Formate una cavità al centro degli ingredienti secchi e unitevi quelli liquidi con l'uovo, mescolando per amalgamare.

Aggiungete il peperone rosso, il mais cotto, il peperoncino fresco e quello in polvere, il prezzemolo e il formaggio, e mescolate bene.

Versate il composto in uno stampo per plumcake e infornate per 25-30 minuti nella parte centrale del forno. Controllate la cottura inserendo al centro del pane uno stuzzicadenti, che dovrà uscire pulito.

Servite a fette e, se gradite, spalmatele di burro o formaggio cremoso. Questo pane di mais è delizioso anche con le uova strapazzate.

rosti di patate e sedano rapa con funghi, spinaci e uova

Il rosti assomiglia molto al pasticcio fritto di patate lesse all'americana, e accompagnato da un uovo in camicia è un fantastico piatto da brunch. I vegani possono omettere l'uovo. A noi piace con il sedano rapa, ma è altrettanto buono con la pastinaca, le cipolle, le carote o le barbabietole.

200 g di patate ben strofinate e tagliate a metà
200 g di sedano rapa privato della buccia e tagliato a grossi pezzi
5 cucchiai di olio extravergine di oliva
320 g di funghi castagnoli o champignon affettati
1 spicchio di aglio schiacciato
100 g di spinaci novelli lavati, asciugati e tagliati sottili
2 uova fredde di frigorifero
olio aromatizzato al tartufo per condire (facoltativo)
sale e pepe nero appena macinato

Dosi per 2-4 persone

Preriscaldate il forno a 180 °C.

Portate a bollore l'acqua in una pentola capiente e fate bollire le patate per 6 minuti, finché cominciano ad ammorbidirsi. Scolatele e fate raffreddare. Portate a bollore un'altra pentola di acqua e immergete il sedano rapa. Fate bollire per 5 minuti, finché comincia ad ammorbidirsi. Scolate e mettete da parte a raffreddare.

Grattugiate le patate e il sedano con una grattugia a fori larghi, incorporate mescolando due cucchiai di olio di oliva e condite con sale e pepe.

Fate scaldare altri due cucchiai di olio in una grossa padella posta su fiamma medio-alta. Versate un cucchiaio abbondante del composto per rosti nella padella con l'olio e premetelo fino a raggiungere uno spessore di 1 cm. Fatelo cuocere per 2-3 minuti per lato fino a quando si presenta dorato e croccante. Ripetete fino a esaurimento del composto; se nella padella non c'è sufficiente spazio, cuocete in più riprese. Trasferite in forno il rosti fritto e fate cuocere per 5 minuti.

Nel frattempo fate scaldare il restante cucchiaio di olio in un'altra padella. Versate i funghi e l'aglio, e cuocete a fuoco medio finché non sono dorati. Condite con sale e pepe, quindi aggiungete gli spinaci e mescolate facendoli appassire.

Quando il rosti è pronto, se le usate preparate le uova: fate bollire l'acqua in una pentola, poi abbassate la fiamma portando l'acqua a un leggero bollore, quindi mescolatela con un cucchiaio in modo da creare un vortice. Quando il vortice sta per fermarsi, rompete l'uovo al centro della pentola. Fate cuocere l'uovo per 3 minuti circa, finché l'albume è rappreso ma il tuorlo ancora semiliquido. Togliete l'uovo dall'acqua con una schiumarola lasciandolo scolare accuratamente.

Disponete il rosti sul piatto di portata e versateci sopra i funghi e gli spinaci. Completate con l'uovo in camicia, una spruzzata di olio al tartufo, se vi piace, e una generosa spolverata di pepe nero.

frittata ai peperoni e zafferano con aioli

Questa frittata trabocca di sapori mediterranei. Se non avete tempo di preparare voi stessi l'aioli, mescolate semplicemente l'aglio arrosto in un vasetto di maionese già pronta di buona qualità: sarà quasi altrettanto squisito.

200 g di patate pelate
2 cucchiai di olio extravergine di oliva
½ cipolla bianca finemente affettata
1 spicchio di aglio schiacciato
1 pizzico di paprica affumicata
1 manciata di piselli, scongelati se surgelati
100 g di peperoni rossi arrosto (potete arrostirli e privarli della pelle o acquistare un vasetto di peperoni arrosto già pronti per antipasti)
4 uova
1 pizzico di pistilli di zafferano messi a bagno in 1 cucchiaio di acqua calda

Per l'aioli
1 testa di aglio non pelata
50 ml di olio extravergine di oliva
1 tuorlo d'uovo
100 ml di olio di semi
1 spruzzata di succo di limone appena spremuto
sale e pepe nero appena macinato

Dosi per 4 persone

Preriscaldate il forno a 200 °C.

Per preparare l'aioli, private della membrana esterna la testa di aglio ma lasciatela sui singoli spicchi. Tagliate via 1 cm circa della sommità dell'aglio in modo tale da lasciare esposta la parte superiore degli spicchi. Posate l'aglio, con gli spicchi mozzati verso l'alto, al centro di un pezzo di foglio d'alluminio. Cospargete con due cucchiai di olio di oliva, poi piegate il foglio d'alluminio tutt'attorno confezionando una sorta di pacchetto. Fate cuocere in forno per 30-40 minuti, fino a quando l'aglio si è ammorbidito. Lasciate raffreddare un po' gli spicchi prima di spremerli fuori dalla loro pelle e versarli in una ciotola. Schiacciateli con una forchetta.

Mettete il tuorlo d'uovo in una ciotola e aggiungete un pizzico di sale. Lentamente, una goccia alla volta, cominciate a incorporare l'olio di semi senza mai smettere di sbattere con la frusta, fino a esaurimento. Ripetete l'operazione con il restante olio di oliva. Se la maionese risulta troppo densa, aggiungete un po' di succo di limone per diluirla. Mescolando, incorporate l'aglio nella maionese, aggiungete sale e pepe a piacere e un altro po' di succo di limone. Coprite e mettete in frigorifero.

Per fare la frittata, fate cuocere al dente le patate in acqua salata. Scolatele e fatele raffreddare, poi tagliatele a fette sottili.

Accendete il grill del forno. Scaldate due cucchiai di olio di oliva in una padella con manico termoresistente. Aggiungete la cipolla e fate andare a fiamma bassa finché è appassita. Aggiungete l'aglio e la paprica, e fate cuocere per 2 minuti. Aggiungete i piselli, le patate e i peperoni. Alzate la fiamma e mescolate con delicatezza gli ingredienti distribuendoli uniformemente sul fondo.

Sbattete le uova con lo zafferano e condite con sale e pepe. Versate l'uovo sbattuto nella padella con la cipolla, le patate e i peperoni, e con una forchetta sistemate con cura il contenuto distribuendolo in modo uniforme. Fate andare a fuoco vivo per un minuto, poi abbassate la fiamma. Quando la frittata si è rappresa lungo il bordo, cotta a metà e dorata al di sotto, trasferite la padella sotto al grill e fate cuocere finché la superficie si presenta soda e dorata.

frittelle di ceci alle erbe aromatiche con halloumi e peperoni

Servite queste gustose frittelle senza glutine in occasione di un sostanzioso brunch nel fine settimana o come pranzo o cena leggera. La salsa croccante può essere preparata in anticipo ed è ideale anche accompagnata alle insalate.

130 g di farina di ceci
1 cucchiaino di sale
½ cucchiaino di cumino macinato
1 punta di cucchiaino di curcuma
½ lattina di ceci scolati, sciacquati e schiacciati con la forchetta
240 ml di latte
1 uovo
1 spicchio di aglio schiacciato
la scorza grattata e il succo spremuto di 1 limone
1 manciata di erbe aromatiche fresche sminuzzate (coriandolo, prezzemolo o erba cipollina sono tutti adatti)
1 cucchiaino di bicarbonato di sodio
250 g di halloumi (formaggio di Cipro) a fette
1 cucchiaio di olio extravergine di oliva

Per la salsa di mais e peperoni rossi arrosto
2 peperoni rossi tagliati a metà
2 pannocchie di mais dolce
1 manciata di pomodori ciliegini
3 cucchiai di olio extravergine di oliva
½ cipolla rossa tritata
½ peperoncino piccante fresco sminuzzato
1 manciata di coriandolo fresco finemente tritato
il succo appena spremuto di ½ lime
1 cucchiaino di aceto bianco
1 cucchiaino di granella di zucchero
sale e pepe nero appena macinato

Dosi per 6-8 persone

Preriscaldate il forno a 200 °C.

Per fare la salsa, adagiate i peperoni in una teglia con la parte esterna verso l'alto assieme alle pannocchie e ai pomodorini. Spolverate generosamente di sale e pepe, e irrorate con due cucchiai di olio di oliva. Fate arrostire nella parte alta del forno preriscaldato per 20-25 minuti, finché la pelle dei peperoni si è raggrinzita e il mais è dorato. Tenete da parte l'eventuale liquido rimasto nella teglia. Private i peperoni della pelle e staccate i chicchi di mais dalle pannocchie. Sminuzzate finemente i peperoni e spezzettate i pomodori con una forchetta, quindi metteteli in una ciotola con la cipolla, il peperoncino piccante e il coriandolo.

In una ciotola a parte unite il succo del lime, l'aceto, lo zucchero e il restante olio di oliva. Condite con sale e pepe e mescolate amalgamando bene. Versate il tutto sopra il composto di verdure e mescolate.

Per fare le frittelle di ceci, mettete in una terrina la farina di ceci, il sale, il cumino e la curcuma. Mescolando, incorporate i ceci schiacciati.

In una ciotola unite il latte, l'uovo, l'aglio, il succo e la scorza del limone e sbattete accuratamente con una forchetta finché il tutto risulta omogeneo. Formate una cavità al centro degli ingredienti secchi, versateci il composto di latte e mescolate a partire dal centro finché il tutto è ben amalgamato. Aggiungete le erbe sminuzzate, coprite e fate riposare in frigorifero per 20 minuti o fino al momento di fare le frittelle. Aggiungete il bicarbonato di sodio solo all'ultimo momento, appena prima di cuocere le frittelle.

Ungete leggermente una padella e mettetela su fuoco medio-alto. Versate un mestolo di pastella e fate andare finché si formano delle bolle e la frittella comincia a solidificare. Rigiratela e fatela cuocere finché sarà leggermente rigonfia ed entrambi i lati saranno marrone-dorati. Potete riporre le frittelle dentro il forno al minimo fino al momento di servire.

Ungete leggermente l'halloumi e fatelo andare a fiamma alta sulla piastra per 1 minuto per lato finché è dorato. Mettete le frittelle sui piatti da portata, date il tocco finale con la salsa e mettete in tavola.

muesli con composta di frutti di bosco

Preparare da sé il proprio muesli è un ottimo modo per verificare cosa finisce nei propri cereali della colazione. È semplice da fare ed è possibile prepararne una bella scorta da conservare in un contenitore ermetico per assicurarsi ogni giorno una sana colazione fatta in casa. Usate liberamente qualunque combinazione di frutta essiccata e frutta in guscio che avete in dispensa.

500 g di fiocchi d'avena
150 g di frutta secca mista sminuzzata
150 g di semi misti
50 g di cocco rapè
½ cucchiaino di sale
2 cucchiaini di miscela di spezie per torta alle mele
2 mele da tavola grattugiate con la pelle
2 cucchiai di zucchero integrale
4 cucchiai di olio vegetale, di girasole, di colza o di nocciole
8 cucchiai di miele liquido, sciroppo d'acero o di melassa di mais
150 g di frutta essiccata sminuzzata a vostra scelta
yogurt bianco, al momento di servire

Per la composta di frutti di bosco
300 g di more, mirtilli e lamponi (freschi o surgelati)
6 cucchiai di miele liquido o di melassa di mais
1-2 cucchiai di zucchero di canna
la scorza grattata di 1 limone
il succo di ½ limone
1 stecca di cannella o ½ cucchiaino di cannella macinata (facoltativo)
1 cucchiaino di estratto di vaniglia

Dosi per 8 porzioni

Preriscaldate il forno a 150 °C.

Mettete l'avena, la frutta secca, i semi, il cocco, il sale e la miscela di spezie per torta alle mele.

In una terrina capiente, aggiungete le mele e amalgamate bene gli ingredienti mescolando.

Mettete lo zucchero, l'olio e il miele in un tegame su fuoco basso e mescolate finché il tutto non si è sciolto. Versateci sopra gli ingredienti secchi e mescolate per amalgamare il tutto.

Stendete il composto in modo uniforme nella teglia più grande a disposizione, avendo l'accortezza di spianare eventuali cumuli, così che la cottura risulti uniforme. Fate cuocere nel forno preriscaldato per 40-45 minuti, mescolando ogni 10 minuti finché il muesli non è dorato. Aggiungete la frutta essiccata e fate cuocere per altri 5 minuti. Se possibile, tenete sempre bene d'occhio il composto in forno per assicurarvi che non bruci.

Per preparare la composta di frutti di bosco mettete tutti gli ingredienti in una pentola e fate cuocere a fiamma medio-bassa. Fate sobbollire finché i frutti sono ammorbiditi ma non disfatti, e il liquido si è ridotto. Spegnete il fuoco e lasciate a raffreddare.

Fate raffreddare il muesli e conservatelo in un contenitore ermetico fino al momento del consumo. Servitelo accompagnato da una cucchiaio abbondante di yogurt e da una cucchiaio di composta di frutti di bosco.

toast alla francese farcito alla banana

Il toast alla francese è la golosità perfetta da concedersi in una pigra domenica mattina, ed è ancora più buono se stilla il suo squisito ripieno di banana e frutta secca. La composta di frutti di bosco conferisce una rinfrescante nota fruttata, ma lo sciroppo d'acero è altrettanto indicato.

4 uova
100 ml di latte
1 banana
la scorza grattata e il succo di 1 arancia
30 g di mandorle, pecan o noci grossolanamente tritate (facoltativo)
½ cucchiaino di pepe giamaicano macinato
4 fette di pane bianco (leggermente raffermo o brevemente tostato in forno)
15 g di burro
sale e pepe nero appena macinato

Al momento di servire
zucchero a velo (facoltativo)
composta di frutti di bosco (p. 22) o sciroppo d'acero, secondo i gusti

Dosi per 2 persone

Preriscaldare il forno a 200 °C.

In una piccola ciotola sbattete brevemente le uova, il latte e un po' di sale e pepe. In un'altra ciotola schiacciate grossolanamente la banana poi, mescolando, incorporate il succo e la scorza d'arancia, la frutta secca sminuzzata e il pepe giamaicano.

Spalmate la farcitura alla banana su entrambe le fette di pane, poi mettete sopra a ognuna un'altra fetta di pane in modo da formare due sandwich. Immergete i sandwich nel composto d'uovo per 5-10 minuti, rigirandoli dopo un po' per assicurarvi che entrambi i lati assorbano l'uovo.

Sciogliete il burro a fuoco medio in una padella, adagiatevi i sandwich e fateli cuocere finché non saranno dorati su entrambi i lati. Completate la cottura mettendoli nel forno preriscaldato per 5-10 minuti, così che solidifichino bene al centro. Toglieteli dal forno e tagliateli in diagonale. Spolverate con abbondante zucchero a velo e servite accompagnati da un cucchiaio di composta di frutti di bosco o di sciroppo d'acero, secondo il gusto.

muffin alle albicocche e miele

Questi muffin sono ottimi da agguantare e gustare al volo mentre uscite di casa, e contengono un sacco di frutta, frutti in guscio e fibre, che manterranno alto il vostro livello di energia per tutta la mattina. Non solo: mentre cuociono diffondono un profumino delizioso per tutta la cucina!

200 g di farina tipo 00
½ cucchiaino di bicarbonato di sodio
2 ½ cucchiaini di lievito in polvere
2 cucchiaini di spezie per torta alle mele
50 g di albicocche essiccate sminuzzate
50 g di noci pecan sminuzzate
100 g di fiocchi d'avena
50 g di uva sultanina
2 banane (possibilmente morbide)
2 due mele grattugiate con la buccia
2 uova
5 cucchiai di olio vegetale
1 cucchiaino di estratto di vaniglia
4 cucchiai di miele
6 cucchiai di latte
100 g di zucchero di canna

uno stampo da 12 muffin con altrettanti pirottini di carta

Dosi per 12 muffin

Preriscaldare il forno a 180 °C.

Setacciate la farina in una terrina. Aggiungete il bicarbonato di sodio, il lievito in polvere e la miscela di spezie per torta di mele e mescolate per amalgamare gli ingredienti. Aggiungete al composto le albicocche essiccate, le noci pecan (tenendone un po' da parte), l'avena e l'uva sultanina, e mettete da parte.

In una terrina a parte schiacciate le banane con una forchetta. Aggiungete le mele, le uova, l'olio, l'estratto di vaniglia, il miele e il latte, e mescolate fino a ottenere un composto omogeneo. Aggiungete lo zucchero e tornate a mescolare.

Formate una cavità al centro degli ingredienti secchi. Versatevi il composto con le mele e le banane e mescolate delicatamente partendo dal centro e via via incorporando gli altri ingredienti secchi fino a creare una pastella omogenea e senza grumi.

Riempite gli stampini per muffin fino a due terzi e spargete sulla sommità le noci pecan sminuzzae. Fate cuocere nella parte alta del forno preriscaldato per 30-40 minuti finché i muffin sono ben gonfi e dorati. Si gustano al meglio se mangiati subito, ma si conservano 3 o 4 giorni in un contenitore ermetico.

stuzzichini

Le ricette di questa sezione offrono una risposta all'interrogativo: cosa preparare di buono agli amici? Possono essere usate come snack sfiziosi, come antipasti o stuzzichini assortiti da gustare in compagnia, alla stregua di tapas. Dai semplici fichi arrosto alle bruschette, al croccante tempura, alle speziate samosa: usate questi piatti per ideare e combinare, creando un vostro personale percorso gastronomico.

frittelle di mais con salsa piccante di avocado

Queste frittelle leggere e dal sapore fresco sono ideali servite come stuzzichini con un aperitivo. Ma sono ottime anche come pietanza da brunch: basta farle un po' più grandi (da un cucchiaio di pastella si ricava una frittella di 6 cm circa di diametro), guarnirle con uno strato di salsa e servirle accompagnate da un cucchiaio di Marmellata dolce di peperoncino (p. 66).

225 g di farina tipo 00
1 ½ cucchiaio di lievito in polvere
½ cucchiaino di sale
30 g di burro
225 ml di latte
1 uovo brevemente sbattuto
160 g di mais dolce in scatola o surgelato
1 peperoncino piccante fresco finemente tritato o un cucchiaino di peperoncino piccante in polvere
1 manciata scarsa di coriandolo fresco finemente tritato
crème fraîche o panna acida al momento di servire

Per la salsa piccante di avocado
2 avocado privati del nocciolo
2 cucchiai di coriandolo fresco tritato (tenete da parte qualche foglia per guarnire)
2 piccoli scalogni finemente tritati
1-2 peperoncini piccanti freschi (in base a quanto la volete piccante!) finemente tritati
la buccia grattugiata di 2 lime
2 cucchiai di succo di lime appena spremuto
1 pizzico di zucchero
sale e pepe nero appena macinato

Dosi per 24 frittelle

Per preparare la salsa piccante di avocado, sminuzzate metà dell'avocado e schiacciate con la forchetta l'altra metà (in base al grado di maturazione) e mescolatelo con il coriandolo e gli scalogni in una ciotola, dopodiché aggiungete gli altri ingredienti. Condite con abbondante sale e pepe. Assaggiate e, se necessario, aggiustate di condimento con altro succo di lime, peperoncino o zucchero.

Per preparare le frittelle, setacciate la farina in una terrina e aggiungete il lievito in polvere e il sale. Mettete da parte.

In un pentolino fate sciogliere il burro a fiamma bassa. In una ciotola a parte unite il latte, l'uovo, il mais dolce, il peperoncino e il coriandolo. Aggiungete il burro fuso e mescolate per amalgamare tutti gli ingredienti.

Formate una cavità al centro degli ingredienti secchi. Versatevi gli ingredienti liquidi e mescolate a partire dal centro, incorporando via via il tutto finché la miscela è omogenea. Fate riposare per 10 minuti.

Ungete leggermente una padella e mettetela a scaldare su fiamma medio-alta. Un cucchiaio alla volta, versate nella padella il composto (che tenderà ad allargarsi). Fate andare finché le frittelle sono bruno-dorate, e giratele a metà cottura.

Prima di mettere in tavola, disponete sopra le frittelle un cucchiaio di salsa di avocado, un po' di crème fraîche e una foglia di coriandolo.

arancini ai funghi

Gli arancini sono un modo fantastico per servire il risotto. Soddisfano il palato sia come bocconcini che, in preparati di dimensioni un po' più grandi e serviti a due per volta, come antipasto.

30 g di burro o olio extravergine di oliva
1 cipolla grattugiata o finemente tritata
150 g di funghi castagnoli finemente tritati
15 g di porcini secchi messi a bagno in acqua calda, quindi finemente tritati; tenete da parte il liquido
1 spicchio di aglio schiacciato
la scorza grattugiata di 1 limone
100 g di riso per risotti
150 ml di vino bianco secco (facoltativo)
300 ml di brodo vegetale
1 mazzetto di prezzemolo fresco
50 g di parmigiano grattugiato
tocchetti da 5 mm di peperone rosso (potete usare anche piselli o dadini di zucchina)
500 ml di olio di semi per friggere
sale e pepe nero appena macinato
maionese fresca al momento di servire (facoltativo)

Per l'impanatura
50 g di farina tipo 00 insaporita con sale e pepe
1 uovo brevemente sbattuto
100 g di pane grattugiato

Dosi per 16 arancini piccoli o 8 arancini grandi

Per fare il risotto, sciogliete il burro a fuoco lento in un tegame dal fondo pesante. Aggiungete la cipolla e cuocete a fuoco basso per 10 minuti, poi unite i funghi e fateli cuocere finché si sono ammorbiditi. Aggiungete l'aglio e fate cuocere per un altro minuto.

Portate il calore a medio e aggiungete la scorza di limone e il riso. Mescolate bene finché il riso è diventato opaco. Aggiungete il vino bianco, se lo usate, e rimestate finché il liquido è assorbito. Versate 200 ml circa di brodo e ripetete finché è assorbito anche il brodo. Aggiungete l'acqua in cui sono stati a bagno i porcini, facendo attenzione a non versare il sedimento. Mescolate finché il liquido è assorbito, poi continuate ad aggiungere brodo e a mescolare fino a cottura ultimata (20 minuti circa). Accertatevi che il liquido sia completamente evaporato; la consistenza dovrebbe essere più densa di un normale risotto, in modo da permettere agli arancini di restare compatti. Quando il risotto è ancora caldo, unite il parmigiano e il prezzemolo e mescolate per amalgamare.

Stendete il riso su un grosso piatto o su un vassoio per portarlo rapidamente a temperatura ambiente, poi modellate delle palline della misura di un boccone (40 g l'una circa). Per farcirle, ponete ciascuna nel palmo della mano e, spingendo verso il centro con il pollice, infilate all'interno qualche pezzetto di peperone rosso, quindi coprite con il riso e ridate all'arancino la sua forma tonda.

Per l'impanatura, mettete la farina, l'uovo brevemente sbattuto e il pane grattugiato in tre terrine separate. Passate ogni arancino nella farina, togliendo l'eventuale eccesso. Poi passatelo nell'uovo e infine nel pane grattugiato. Per ottenere un'impanatura più croccante, ripetere tutta l'operazione una seconda volta. Fate riposare gli arancini in frigorifero fino al momento di friggerli.

Versate l'olio di semi in una padella profonda, riempiendola non oltre la metà. Facendo attenzione, riscaldare l'olio a 160 °C (se non avete un termometro, l'olio ha raggiunto la giusta temperatura quando, gettandovi dentro un pezzetto di pane, questo impiega circa 60 secondi per assumere un colore bruno-dorato). Fate friggere non più di quattro arancini alla volta finché non diventano bruno-dorati (1-2 minuti). Fate sgocciolare l'olio in eccesso appoggiandoli su carta da cucina e serviteli caldi accompagnati da maionese.

frittelle di zucchine con yogurt alla menta

Queste frittelle sono l'abbinamento perfetto per un aperitivo. A noi piacciono fatte con le zucchine, ma è possibile sostituire le zucchine con le carote, le barbabietole o le cipolle, secondo i gusti.
Se le volete ancora più saporite, potete aggiungere della feta, erbe aromatiche, spezie o peperoncino piccante; sentitevi comunque liberi di sperimentare con qualunque cosa avete in frigorifero.

250 g di zucchine grattugiate
4 cipollotti affettati sottili
la buccia grattugiata e il succo appena spremuto di 1 limone
1 cucchiaino di olio di semi, più altro olio per la frittura a immersione
3 cucchiai di farina di ceci
1 cucchiaino di lievito in polvere
sale

Per lo yogurt alla menta
½ cetriolo lungo privato dei semi e grattugiato
200 g di yogurt bianco tipo greco
½ spicchio di aglio schiacciato
1 manciata di menta fresca, sminuzzata
1 spruzzata di succo di limone
½ cucchiaino di zucchero
sale e pepe nero appena macinato

Dosi per 4 porzioni

Per fare la salsa allo yogurt e menta, mettete il cetriolo grattugiato in un colino posto sopra una ciotola e lasciatevelo per 10 minuti affinché elimini il liquido in eccesso. In alternativa potete eliminare il liquido strizzando il cetriolo in uno strofinaccio da cucina pulito. Mettete in una ciotola il cetriolo assieme allo yogurt. Mescolando, incorporate l'aglio schiacciato e la menta tritata. Aggiungete una spruzzata di succo di limone, lo zucchero e insaporite bene con sale e pepe. Assaggiate e, se necessario, aggiustate di sale, zucchero o limone.

Per fare le frittelle, cospargete con poco sale le zucchine e mettetele in un colino posto sopra una ciotola per 10 minuti affinché perdano l'eventuale acqua di vegetazione. Strizzatele in uno strofinaccio da cucina pulito e ponetele in una ciotola, aggiungete i cipollotti, la scorza e il succo di limone e il cucchiaino di olio di semi e, mescolando, amalgamate il tutto. Unite la farina di ceci al lievito in polvere e spargeteli sulle verdure, quindi amalgamate bene.

Queste frittelle riescono meglio se fritte in una friggitrice. Se non avete una friggitrice, versate 2 cm circa di olio sul fondo di un wok. Scaldate l'olio a 180 °C, ovvero quando arriva a essere bollente ma non fuma ancora. (Se non avete un termometro, l'olio ha raggiunto la giusta temperatura quando, immergendovi un pezzetto di pane, questo impiega 40 secondi ad assumere un colore bruno-dorato).

Togliete le frittelle con una schiumarola e fatele asciugare su carta da cucina. Spolverizzate di sale finché sono calde. Si gustano al meglio appena fritte, ma si possono conservare per breve tempo nel forno caldo.

ravioli cinesi di verdura

Questi gustosi ravioli sono un ottimo antipasto o aperitivo. Acquistate i dischi di pasta pronta presso un negozio di alimenti orientali, oppure ordinateli online, e per il ripieno adoperate qualunque cosa avete in frigorifero. La salsa illustrata nella ricetta può essere usata per condire un'insalata di carote grattugiate.

1 cucchiaio di olio di sesamo
120 g di funghi shiitake
1 cavolo cinese
1 carota grattugiata
6 cipollotti affettati sottili
2 spicchi di aglio
1-2 peperoncini piccanti freschi
2 cm di radice di zenzero fresca grattugiata
1 manciata di coriandolo fresco
1 confezione di dischi di pasta pronta per ravioli cinesi
amido di mais
olio di sesamo per friggere (facoltativo)

Per la salsa
3 cucchiai di salsa di soia scura o tamari
2 cucchiai di zucchero integrale
1 cucchiaio di olio di sesamo
2 cucchiai di aceto di riso (o di aceto di vino bianco)
1 spicchio di aglio schiacciato
1 cucchiaino di zenzero fresco finemente grattugiato
1 peperoncino fresco tritato
1 spruzzata di succo di limone
1 manciata di coriandolo fresco tritato

un cestello di bambù – o simile – per cuocere a vapore, rivestito di carta da forno.

Dosi per 18 ravioli

(V)

Per preparare la salsa, mettete tutti gli ingredienti in una ciotolina e mescolate finché sono ben amalgamati.

Per preparare i ravioli, scaldate l'olio di sesamo in una padella posta su fiamma medio-alta e versatevi i funghi, il cavolo cinese e la carota. Fate andare per 5 minuti circa, finché si sono ammorbiditi. Mettete i funghi, il cavolo cinese e la carota cotti in un mixer da cucina assieme ai cipollotti, all'aglio, al peperoncino, allo zenzero e al coriandolo, e tritate il tutto. In alternativa tritate finemente a mano tutti gli ingredienti.

Spolverate la superficie di lavoro con un po' di amido di mais e adagiate i dischi di pasta sulla superficie infarinata. Mettete un cucchiaino di ripieno al centro di ogni disco. Usando un pennello da cucina, inumidite i bordi di ciascun disco con un po' di acqua, quindi sigillateli a cominciare dal centro e assicurandovi che dentro al raviolo non rimanga aria. Accertatevi che il raviolo sia ben sigillato; in caso contrario aggiungete ancora un po' di acqua e sigillatelo. Con le dita arricciate i bordi dei ravioli per renderli esteticamente gradevoli.

Ponete il cestello di bambù per la cottura al vapore sopra una pentola di acqua bollente. Se non lo avete, usate un colapasta e improvvisate un coperchio con un foglio di alluminio. Adagiate i ravioli nel cestello rivestito di carta da forno, chiudete con il coperchio e fate cuocere al vapore per 10-15 minuti, finché il ripieno è cotto e bollente.

Per esaltare il sapore e la consistenza, una volta fatti cuocere i ravioli, riscaldate un cucchiaio di olio di sesamo in una padella posta su fiamma alta e friggeteli per 1-2 minuti, finché il fondo e i lati cominciano a prendere colore. Fate attenzione, perché prendono colore rapidamente e bruciano facilmente.

I ravioli non cucinati si conservano in frigorifero per qualche ora. Ma si possono conservare in frigorifero, sempre per qualche ora, anche una volta cotti a vapore, fatti raffreddare e ben confezionati. Prima di consumarli passateli di nuovo al vapore per riscaldarli.

UNITED COLORS OF BENETTON

barchette di insalata belga con barbabietola, cumino e cereali

Questa insalata saporita e variopinta è il vanto di ogni buffet. La foglia di insalata belga ha una nota amara che contrasta con quella dolce della barbabietola. È un piatto perfetto da preparare in anticipo, ma tenete da parte un po' di erbe aromatiche e di pistacchi da cospargere all'ultimo momento, perché la barbabietola colora di rosso tutti gli altri ingredienti.

- 50 g di riso Basmati
- 5 capsule di cardamomo
- 50 g di quinoa
- 2 cucchiaini di semi di cumino
- 2 cucchiaini di semi di finocchio
- 100 g di ceci in scatola*, sgocciolati e accuratamente risciacquati
- la scorza grattugiata e il succo appena spremuto di 2 lime
- 1 manciata scarsa di coriandolo fresco finemente tritato, più un altro po' per servire
- ½ barbabietola cruda, sbucciata e grattugiata (consigliamo l'uso di guanti perché la barbabietola macchia le mani)
- 70 g di pistacchi interi o grossolanamente tritati, più altri per servire
- 2 cucchiai di olio di arachidi (o olio extravergine di oliva o di colza, sono tutti adatti)
- 1 pizzico di zucchero
- 15 foglie esterne e intermedie di insalata belga lavate e asciugate
- sale e pepe nero appena macinato

Dosi per 15 barchette

Lavate bene il riso e mettetelo in una pentola di acqua salata bollente assieme alle capsule di cardamomo. Cuocete come indicato dalle istruzioni sulla confezione finché il riso è morbido ma ancora al dente. Scolate bene, spianate il riso su un vassoio per raffreddarlo e mettete da parte.

Intanto cuocete la quinoa in acqua salata bollente appena sufficiente a coprire i grani. Fate bollire lentamente per circa 10 minuti finché la quinoa è morbida ma ancora al dente. Scolatela bene, spianatela su un vassoio a raffreddare e mettete da parte.

In una padella posta su fuoco medio, fate tostare leggermente i semi di cumino e di finocchio finché sentite l'aroma rilasciato dai semi, poi spegnete il fuoco, toglieteli dalla padella e mettete da parte.

In una ciotola unite i ceci, il riso, la quinoa, la scorza di lime, il coriandolo, i semi di cumino e di finocchio, la barbabietola, i pistacchi, sale e pepe, e mescolate bene.

Assaggiate il composto e condite con olio, succo di lime, zucchero, sale e pepe. Una volta condito, usatelo per riempire generosamente le foglie di insalata belga, poi cospargete il tutto con il coriandolo e i restanti pistacchi.

*Nota: se usate i ceci secchi, è necessario lasciarli in ammollo tutta la notte e cuocerli in acqua per 2 ore circa a fuoco lento prima dell'uso.

samosa con yogurt all'aglio e limone

Le samosa sono più facili da preparare di quanto non sembri. La tradizione le vuole fritte a immersione, ma si possono anche cuocere al forno, come nella nostra ricetta. Per il ripieno vi suggeriamo due deliziose ricette: scegliete quella che più vi piace, oppure provatele entrambe!.

100 g di burro
1 confezione (da 12 fogli) di pasta fillo
2 cucchiai di semi di papavero o di sesamo (facoltativo)

Per il ripieno di zucca pepona
1 zucca pepona (400 g) privata della buccia e tagliata a cubetti
2 cucchiai di olio extravergine di oliva
300 g di spinaci
2 spicchi di aglio schiacciati
1 ½ cucchiaino di cumino macinato
1 cucchiaino di coriandolo macinato
2 cucchiai di prezzemolo fresco tritato
la scorza di 1 limone finemente grattugiata
50 g di pinoli (facoltativo)
sale e pepe nero appena macinato

Per il ripieno di zucchine
2 zucchine private dei semi
120 g di pomodori essiccati
200 g di feta
la scorza di 1 limone finemente grattugiata
1 spicchio di aglio schiacciato
½ cucchiaino di peperoncino piccante in polvere
1 cucchiaino di semi di senape
¼ di noce moscata grattugiata
sale e pepe nero appena macinato

Per la salsa di yogurt all'aglio e limone
300 ml di yogurt bianco
la scorza grattugiata e il succo di 2 limoni
2 spicchi di aglio schiacciati
sale e pepe nero appena macinato

Dosi per 18 samosa

Preriscaldate il forno a 190 °C.

Per preparare il ripieno di zucca pepona, mettete la zucca tagliata a dadi e l'olio in una teglia e fate cuocere in forno per 20-30 minuti, finché si è ammorbidita ma non ha perso la forma. Togliete dal forno e lasciate raffreddare. Intanto in una padella con il coperchio fate appassire a fuoco lento gli spinaci. Strizzateli per eliminare l'acqua in eccesso e metteteli a raffreddare. In una ciotola mettete l'aglio, il cumino macinato, il coriandolo, il prezzemolo, la scorza di limone, i pinoli (se li usate) e, una volta raffreddati, unite gli spinaci e la zucca. Condite con sale e pepe, poi mettete da parte.

Per preparare il ripieno di zucchine, tagliate a cubetti le zucchine. Tagliate a pezzetti i pomodori essiccati e la feta, e metteteli in una ciotola assieme alla scorza di limone, all'aglio e al peperoncino piccante, ai semi di senape e alla noce moscata. Amalgamate bene e condite a piacere con sale e pepe.

Per preparare la salsa allo yogurt, mescolate in una ciotola lo yogurt, la scorza di limone e l'aglio; poi condite a piacere con succo di limone, sale e pepe.

Preriscaldate il forno a 200 °C. Per preparare le samosa, fate fondere il burro in un pentolino a fiamma bassa. Spennellate un foglio di pasta fillo con il burro fuso, quindi adagiateci sopra una seconda sfoglia, così da avere un doppio strato. Tagliate ciascun doppio strato in tre strisce. Spennellate leggermente di burro (tenete i restanti fogli coperti con uno strofinaccio da cucina umido fino al momento dell'utilizzo). Con un cucchiaio, adagiate un po' di ripieno all'estremità di ogni striscia lasciando 1 cm di pasta vuota in fondo e lungo i lati. Modellate il ripieno grosso modo a triangolo e ripiegate la sfoglia in eccesso. Arrotolate strettamente la samosa, dandole la forma di triangolo. Spennellate con il burro fuso e cospargete di semi di papavero o di sesamo, poi disponete le samosa in una teglia rivestita di carta da forno. Ripetete l'operazione con la restante pasta fillo.

Cuocete in forno per 10-12 minuti e servite accompagnate dalla salsa di yogurt all'aglio e limone.

tempura di verdure con salsa wasabi

Vi proponiamo questo piatto classico giapponese semplice e rapido da preparare. È ottimo come stuzzichino o antipasto; servitelo con la salsa wasabi, o con salsa di soia, salsa al peperoncino o semplicemente una spruzzata di succo di limone.

1 grossa zucchina privata della parte interna e tagliata a striscioline di 1 × 5 cm
1 grossa melanzana tagliata a fette
500 ml di olio di semi per friggere
40 g di farina tipo 00
60 g di amido di mais
¼ cucchiaino di lievito in polvere
100-150 ml di acqua frizzante
1 pizzico di sale
½ testa di cavolfiore suddivisa in bocconcini
½ testa di broccolo suddivisa in bocconcini
3 peperoni rossi privati dei semi e tagliati a striscioline

Per la salsa wasabi
2 cucchiaini di polvere wasabi
2 cucchiai di olio di sesamo
la scorza e il succo appena spremuto di 1 lime
1 peperoncino piccante fresco finemente tritato
2 cucchiai di salsa di soia
3 cm di radice zenzero fresco sbucciato e grattugiato
1 pizzico di zucchero o 1 cucchiaino di sciroppo d'acero

Dosi per 4-6 porzioni

Per un risultato ottimale, mettete le zucchine e la melanzana in un setaccio e cospargetele di sale, poi lasciatele riposate. Dopo 10 minuti, quando la verdura ha rilasciato l'acqua di vegetazione, risciacquatela per eliminare il sale e asciugate bene.

Per preparare la salsa wasabi, mettete la polvere wasabi in una ciotola e, un po' alla volta, aggiungete l'olio di sesamo per formare un'emulsione densa. Lentamente, aggiungete la scorza e il succo del lime, il peperoncino piccante, la salsa di soia, lo zenzero e lo zucchero, e mescolate per amalgamare tutti gli ingredienti. Regolate la friggitrice su 190 °C, altrimenti riempite per un terzo di olio di semi un tegame ampio e profondo e ponetelo su fuoco medio. L'olio ha raggiunto la giusta temperatura quando, immergendovi un pezzetto di pane, questo impiega circa 20 secondi per assumere un colore bruno-dorato.

Preparate la pastella immediatamente prima della frittura. In una terrina mescolate la farina, l'amido di mais e il lievito in polvere. Poi aggiungete l'acqua e sbattete rapidamente il tutto con una frusta, ma smettete appena la pastella è amalgamata. Non preoccupatevi se notate qualche sporadico grumo: è sempre meglio che lavorare troppo la pastella. La consistenza dovrebbe essere leggermente più liquida della pastella per crêpes. Per il tempura serve infatti uno strato di pastella leggero, non denso e viscoso. Inoltre la pastella deve essere ghiacciata, perciò mentre la usate aggiungete un cubetto di ghiaccio.

Appena l'olio ha raggiunto la temperatura accertatevi che le verdure siano asciutte, passatele nella pastella, quindi immergetele nell'olio bollente usando un mestolo forato. Cuocete per 1-2 minuti, finché il fritto assume un colore pallido-dorato (il tempura non si scurisce come altre pastelle, perciò non aspettate troppo a lungo). Ripetete l'operazione, friggendo pochi elementi in più riprese per non abbassare la temperatura dell'olio. Una volta fritto, mettete il tempura a sgocciolare su carta da cucina e salate. Servite immediatamente con la salsa wasabi o con una spruzzata di limone.

bocconcini di halloumi impanati

Serviti caldi e stillanti il loro ripieno di formaggio halloumi fuso, questi bocconcini impanati sono irresistibili! Per aggiungere una punta piccante serviteli con il ketchup speziato, o aggiungete all'impanatura un pizzico di paprica piccante affumicata.

50 g di farina tipo 00 insaporita con sale e pepe
1 uovo brevemente sbattuto
150 g di pane grattugiato
1 pizzico di paprica piccante affumicata (facoltativo)
250 g di halloumi (o feta) tagliato in 8 fette
500 ml di olio di semi per friggere
sale e pepe nero appena macinato
spicchi di limone, al momento di servire
ketchup speziato (p. 64), al momento di servire

Dosi per 8 bocconcini

Per fare l'impanatura mettete la farina, l'uovo e il pane grattugiato in tre ciotole separate. Prendete le fettine di halloumi, passatele nella farina eliminando l'eventuale eccesso. Poi passatele nell'uovo e infine nel pane grattugiato. Per un'impanatura ancora più croccante ripetete l'operazione.

Se avete una friggitrice, regolate la temperatura su 160 °C. Altrimenti versate l'olio di semi in una padella profonda di acciaio inossidabile, riempiendola non oltre la metà. Per provare la temperatura dell'olio, immergetevi un pezzetto di pane: dovrebbe impiegare 60 secondi per prendere un colore bruno-dorato.

Immergete l'halloumi impanato nell'olio bollente e friggete finché non diventa bruno-dorato (ci vogliono 3-4 minuti). Fate asciugare l'halloumi su carta da cucina e salate. Servite con spicchi di limone o, se gradito, con il ketchup speziato.

mini-bruschette

Le bruschette sono un classico antipasto. Avere nella manica qualche ricetta veloce per guarnire le bruschette vuol dire mettere in tavola un vassoio di bocconcini freschi e prelibati con poca fatica.

1 ciabatta o baguette, affettata e leggermente tostata o grigliata
olio extravergine di oliva per condire
prezzemolo tritato
sale e pepe nero appena macinato

Per il paté di olive e capperi
500 g di olive nere denocciolate
2 spicchi di aglio
4 cucchiai di capperi ben sciacquati
la scorza grattugiata e il succo di 2 limoni
1 cucchiaino di peperoncino piccante in polvere
1 pizzico di zucchero
1 spruzzata di olio extravergine di oliva
4 cucchiai di prezzemolo fresco

Per la guarnitura di pomodori e peperoni arrosto
2 peperoni rossi privati dei semi
400 g di pomodori San Marzano
2 spicchi di aglio con la buccia
6 cucchiai di olio extravergine di oliva

Per la salsa verde
2 manciate abbondanti di prezzemolo fresco
1 manciata abbondante di basilico fresco
2 spicchi di aglio schiacciati
la scorza grattugiata e il succo di 2 limoni
40 g di parmigiano grattugiato (facoltativo)
100 g di pinoli, leggermente tostati e tritati
6 cucchiai di olio extravergine di oliva

Le dosi di ciascuna ricetta sono sufficienti per guarnire 16 mini-bruschette

Per preparare il paté di olive e capperi, fate andare nel mixer le olive, l'aglio, i capperi, la scorza di limone, il peperoncino piccante in polvere, lo zucchero, l'olio di oliva e il prezzemolo. Variate la consistenza in base al gusto: potete lasciarlo grossolano, con le olive a pezzetti, oppure ridurlo in forma di purè. Condite con succo di limone, sale, pepe e un pizzico di zucchero in più nel caso in cui le olive siano amarognole. Prima di assaggiare non aggiungete sale, poiché solitamente le olive sono già molto saporite.

Per preparare la guarnitura di pomodori e peperoni arrosto, preriscaldate il forno a 200 °C.

Tagliate a metà i peperoni e disponeteli assieme ai pomodori e all'aglio su una teglia da forno rivestita di foglio d'alluminio, spolverizzateli di sale, cospargeteli di olio di oliva e mettete in forno. Togliete l'aglio quando si presenta morbido (10-15 minuti), e mettetelo da parte. Togliete i pomodori dopo 20-25 minuti, e mettete da parte. Togliete i peperoni dopo 30 minuti, quando la pelle si è colorata, e sigillateli in un sacchetto di plastica (l'operazione sottopone i peperoni all'azione del vapore, e la pelle verrà via più facilmente). Quando il pomodori si sono raffreddati, eliminate la pelle e mettete la polpa in una ciotola. Spremete gli spicchi di aglio dalla loro buccia e uniteli ai pomodori. Quando i peperoni si sono raffreddati, toglieteli dal sacchetto di plastica e spellateli. Tritate grossolanamente i peperoni e i pomodori e rimetteteli nella ciotola. Mescolate per amalgamare bene e condite a piacere con sale e pepe.

Per preparare la salsa verde, mescolate tutti gli ingredienti in una ciotola e aggiungete metà del succo di limone. Fate andare brevemente in un piccolo mixer per ottenere una consistenza omogenea, quindi condite a piacere con sale, pepe e, se necessario, con il restante succo di limone.

Spalmate le guarniture assortite su fette di ciabatta leggermente tostate o grigliate, date il tocco finale con una spruzzata di olio extravergine di oliva e un po' di prezzemolo tritato. Assemblate il tutto solo immediatamente prima di mettere in tavola, altrimenti il pane diventa molliccio.

fichi arrosto con sciroppo allo sherry

Questi fichi arrosto sono un piatto molto rapido e versatile. Serviteli come antipasto leggero o come aperitivo con mozzarella, pinoli e rucola. In alternativa potete usare uno sherry più dolce, aggiungere mezzo cucchiaino di estratto di vaniglia e servirli con l'aggiunta di un altro po' di miele o con del gelato al gusto di vaniglia.

30 g di burro
2 cucchiai di miele liquido, di sciroppo d'acero o di nettare di agave
4 cucchiai di sherry medio-secco (per esempio Ammontillado)
8 fichi freschi
2 bocconcini di mozzarella di bufala
alcune manciate di rucola (facoltativo)
50 g di pinoli tostati

Dosi per 4 persone

Preriscaldate il forno a 180 °C.

Mettete il burro, il miele e lo sherry in un pentolino su fiamma bassa. Fate andare piano finché il burro si è sciolto e gli ingredienti hanno assunto una consistenza omogenea e sciropposa.

Con un coltello affilato, praticate un taglio a croce a partire dalla sommità dei fichi fin quasi alla base. Con delicatezza, divaricate i fichi così che si aprano a fiore, quindi disponeteli in una pirofila imburrata. Versate lo sciroppo allo sherry sui fichi e cuocete per 15 minuti nel forno preriscaldato finché questi si presentano morbidi.

Adagiate i fichi su un piatto da portata. Tagliate la mozzarella a dadini e mettetene un po' all'interno di ciascun fico. Disponete tutt'attorno la rucola e cospargete di pinoli tostati. Versate sopra al tutto il liquido rimasto sul fondo della pirofila e servite immediatamente.

salse e contorni

Queste ricette rapide e squisite infonderanno nuova vita anche ai piatti vegetariani più semplici. Aggiungete freschezza e colore con la salsa remoulade di barbabietola, intensità di sapore con i vari tipi di pesto stagionale o una nota dolce e speziata con la marmellata di peperoncino e il ketchtup speziato.

salsa remoulade di barbabietola, sedano rapa e mela

Questa salsa remoulade deliziosamente croccante è il contorno perfetto per qualunque quiche o torta salata. Ma è ideale anche da consumare come pasto leggero o spuntino. Nella nostra versione è accompagnata da crostoni con un cremoso formaggio caprino.

la buccia grattugiata e il succo di 1 limone
5 cucchiai di maionese (potete usare la ricetta di p. 19 omettendo l'aglio, oppure usatene una acquistata)
2 mele grattugiate con la buccia
¼ di sedano rapa, pelato e grattugiato
1 spicchio di aglio schiacciato
2 cucchiaini di aneto fresco, finemente tritato, più qualche rametto per guarnire
2 cucchiaini di senape di Digione
1 cucchiaino di salsa di rafano
2 piccole barbabietole crude, sbucciate e grattugiate
1 manciata di noci sminuzzate (facoltativo)
sale e pepe nero appena macinato

Crostoni al formaggio caprino (facoltativo)
1 baguette a crosta dura
100 g di formaggio caprino
olio extravergine di oliva

Dosi per 4-6 persone

Per preparare la salsa remoulade, mettete in una ciotola la scorza e il succo di limone assieme alla maionese. Mettete poi il restante succo di limone in una ciotola di acqua fredda e immergetevi la mela e il sedano rapa, così che non scuriscano.

Aggiungete alla maionese l'aglio, l'aneto, la senape e la salsa di rafano e condite a piacere con sale e pepe. Asciugate il sedano rapa e la mela e, mescolando, incorporateli nella maionese assieme alla barbabietola grattugiata.

Per preparare i crostoni al caprino, preriscaldate il grill. Tagliate la baguette a fette in diagonale, spalmatele di formaggio caprino e irroratele con olio di oliva. Lasciatele tostare sotto il grill finché sono calde e dorate. Con un cucchiaio, disponete la salsa remoulade nei piatti, cospargetela di noci sminuzzate, guarnitela con un rametto di aneto e servitela con i crostoni al caprino.

hummus di patate dolci con grissini

Questo hummus liscio e vellutato è un piacevole diversivo rispetto a quello più comune di ceci. I grissini sono semplici da preparare, e la loro consistenza croccante li rende l'accompagnamento perfetto. Chi segue una dieta priva di glutine può gustare l'hummus con sfoglie croccanti di verdura a radice.

1 patata dolce con la buccia
3 spicchi di aglio con la buccia
200 g di ceci
1 peperoncino piccante fresco finemente tritato
1 manciata di foglie di coriandolo fresco tritate
2 cucchiai di olio extravergine di oliva
la scorza e il succo appena spremuto di ½ lime
sale e pepe nero appena macinato

Per i grissini (facoltativo)
300 g di farina tipo 00
2 cucchiaini di lievito istantaneo
2 cucchiaini di sale
1 cucchiaino di zucchero
120-150 ml di acqua tiepida
4 cucchiai di olio extravergine di oliva
1 pizzico di preparato pronto di erbe aromatiche essiccate, 1 pizzico di pepe di caienna o di sale e pepe nero appena macinato

Dosi per 4-6 persone

Per preparare l'hummus di patate dolci, preriscaldate il forno a 180 °C.

Mettete la patata in una teglia e fatela arrostire in forno per 30-40 minuti, finché è ben morbida. 20 minuti circa prima del termine della cottura aggiungete gli spicchi di aglio.

Togliete dal forno e, quando si sono raffreddati a sufficienza per poterli maneggiare, sbucciate sia la patata che gli spicchi di aglio. Mettete nel mixer e unite i ceci, il peperoncino piccante, il coriandolo, l'olio di oliva e la scorza del lime. Azionate finché il tutto ha raggiunto la consistenza desiderata. Condite a piacere con sale, pepe e succo di lime.

Per preparare grissini, preriscaldate il forno a 170 °C. In una terrina unite la farina, lievito, il sale e lo zucchero. Formate una cavità al centro, versatevi l'olio di oliva e l'acqua e mescolate finché gli ingredienti sono ben amalgamati e si presentano in forma di pasta compatta. Dovrebbe risultare morbida ma non appiccicosa.

Lavorate la pasta a mano per 10 minuti circa, poi copritela con della pellicola trasparente oliata o con un panno umido, e lasciatela a lievitare al caldo da 40 minuti a 1 ora, finché il suo volume è raddoppiato.

Dividete la pasta a metà e tenetene una metà avvolta nella pellicola, così che non asciughi. Impastando, appiattitela fino a ricavare un rettangolo dello spessore di circa ½ cm, quindi tagliatelo in striscioline larghe 1 cm. Facendole rotolare, date alle strisce la forma di una matita. Ripetete l'operazione con l'altra metà della pasta.

Distribuite su un'asse le erbe aromatiche miste, il pepe di caienna o il sale e pepe, fateci rotolare sopra i grissini, quindi disponeteli sulla placca infarinata. Cuocete nel forno preriscaldato per 20-30 minuti, finché si presentano dorati. Poi metteteli a raffreddare su una gratella.

crema di melanzane e cipolle con pita alla paprica

Questa crema ricca e rustica è molto simile al noto piatto mediorientale baba ganush. Può essere preparata il giorno prima, e si presta facilmente a essere insaporita con spezie diverse come cumino, finocchio o peperoncino piccante. Anche il pane pita può essere modificato e preparato con pepe di caienna, sommacco o cinque spezie per un sapore leggermente diverso.

1 grossa melanzana
2 cipolle rosse divise in quarti
4 spicchi di aglio interi
la scorza grattugiata e succo appena spremuto di 1 limone
1 pizzico di zucchero
4 cucchiai di olio extravergine di oliva
sale e pepe nero appena macinato

Per le lingue croccanti di pita alla paprica
5 pita, divisi a metà nel senso della lunghezza e tagliati a strisce
1 cucchiaio di paprica naturale o affumicata
2 cucchiai di olio extravergine di oliva

Per guarnire
2 cucchiai di semi di melograno (facoltativo)
1 cucchiaio di olio extravergine di oliva

Dosi per 4-6 persone

(V)

Preriscaldate il forno a 190 °C.

Disponete la melanzana, le cipolle e l'aglio in una teglia e mettetele nel forno preriscaldato. Fate cuocere per 40-45 minuti finché si sarà ammorbidita, ma togliete l'aglio dopo 10-15 minuti e le cipolle dopo 20-25 minuti.

Tagliate la melanzana a metà, scavate la polpa con un cucchiaio e mettetela nel mixer. Spremete gli spicchi di aglio fuori dalla loro buccia, eliminate l'interno molle e la buccia delle cipolle.

Azionate il mixer con la melanzana, le cipolle, l'aglio, la scorza di limone, lo zucchero, l'olio di oliva, il sale e il pepe fino a ottenere un purè. Assaggiate e aggiustate di condimento aggiungendo succo di limone, zucchero, sale e pepe, se necessario.

Per preparare le lingue croccanti di pane pita, regolate il forno su 200 °C. Con l'olio di oliva, oliate una teglia pulita e cospargetela di paprica, sale e pepe. Adagiate le strisce di pane pita sulla teglia e rigiratele così che prendano il condimento. Cuocete in forno per 8 minuti, finché sono leggermente colorite e croccanti.

Mettete la crema nelle coppette e cospargete di semi di melograno, se gradito. Irrorate con olio extravergine di oliva e servite con le lingue croccanti di pane pita.

quartetto di pesti saporiti

Il pesto è un meraviglioso condimento per la pastasciutta, ma è ottimo anche per dare colore e sapore a un ampio assortimento di altri piatti. Usatelo come usereste una qualunque salsa per insaporire semplici frittate e quiche, spalmatelo sui crostini per ottenere gustosi canapè oppure sul pane fresco per preparare uno spuntino gustoso in poco tempo.

Per il pesto di barbabietola arrosto
1 grossa barbabietola arrosto
1 cucchiaio di aneto tritato
la scorza grattugiata di ½ limone, il succo appena spremuto di 1 limone
1 manciata di foglie di prezzemolo tritate
1 manciata di rucola
1 spicchio di aglio schiacciato
2 cucchiai di olio extravergine di oliva
1 manciata di noci tostate
2 cucchiaini di capperi
1 cucchiaio di formaggio cremoso (facoltativo)

Per il pesto di ricotta ed erbe aromatiche
250 g di ricotta
1 manciata abbondante di foglie di prezzemolo fresco
1 manciata abbondante di foglie di menta fresca
la scorza grattugiata di 1 limone, il succo appena spremuto di 2 limoni
2 spicchi di aglio
2 peperoncini piccanti freschi
sale e pepe nero appena macinato
pinoli tostati per guarnire

Ciascuna ricetta è sufficiente per 4-6 porzioni

Per il pesto di crescione
1 manciata abbondante di crescione (50 g circa)
la scorza grattugiata di 1 limone, più succo appena spremuto a piacere
50 g di mandorle pelate e tostate
6 cucchiai di olio extravergine di oliva
20 g di parmigiano grattugiato
1 spicchio di aglio schiacciato
sale e pepe appena macinato a piacere

Per il pesto di funghi e noci
320 g di funghi castagnoli fritti in un cucchiaio di olio extravergine di oliva
2 spicchi di aglio
2 cucchiai di olio di noci
½ cucchiaino di rosmarino essiccato
1 peperoncino piccante fresco
il succo appena spremuto di ½ limone
1 manciata di foglie di prezzemolo tritate
1 manciata di noci

Per ciascuna delle ricette, mettete tutti gli ingredienti nel mixer e azionate finché si sono trasformati in una crema morbida. Se volete che il composto sia ancora più morbido, aggiungetevi altro olio.

Se non avete un mixer, potete tritare finemente tutti gli ingredienti a mano e poi pestarli con il pestello dentro un grosso mortaio.

Sebbene sia preferibile servire il pesto appena preparato, lo si può conservare fino a tre giorni in un contenitore ermetico tenuto in frigorifero.

caponata

La caponata si gusta come contorno caldo o come antipasto freddo di verdure. Questo piatto classico della cucina siciliana che vi proponiamo si gusta al meglio a temperatura ambiente accompagnato a fette di ciabatta tostata. Si conserva bene, per cui può essere cucinata in anticipo e consumata il giorno dopo.

1 melanzana a cubetti
1 cucchiaino di cannella
2 cucchiai di olio extravergine di oliva
1 cipolla rossa tritata
2 gambi di sedano affettati
1 spicchio di aglio schiacciato
1 lattina da 400 g di polpa di pomodoro in pezzi
1 manciata di uva sultanina
2 cucchiai di vino bianco
2 cucchiaino di capperi scolati
1 cucchiaio di aceto di vino bianco
2 cucchiaini di zucchero
1 spruzzata di succo di limone
sale e pepe nero appena macinato

Al momento di servire
1 manciata di foglie di prezzemolo tritato
olio extravergine di oliva per irrorare
succo di limone appena spremuto
fette di ciabatta tostate

Dosi per 4-6 persone

Insaporite generosamente i cubetti di melanzana con sale e pepe, e cospargeteli di cannella. Scaldate l'olio a fiamma bassa in una grossa padella, aggiungete la melanzana e fate andare per 10 minuti circa finché si è ammorbidita e comincia a dorare. Togliete la melanzana dalla padella e mettete da parte.

Rimette la padella sul fuoco e versatevi la cipolla, il sedano e l'aglio; fate andare per 8 minuti circa, finché le verdure cominciano ad ammorbidirsi. Aggiungete i pomodori, l'uva sultanina e il vino bianco, e fate sobbollire per 20 minuti circa. Mescolando, incorporate la melanzana cotta, i capperi, l'aceto, lo zucchero e il succo di limone, e fate andare a fuoco lento finché il sapore di aceto si è attenuato. Togliete dal fuoco e fate raffreddare fino a temperatura ambiente.

Unite il prezzemolo e mescolate, quindi irrorate di olio di oliva e spruzzate con succo di limone. Disponete la caponata sulle fette di ciabatta tostate e servite.

tris di contorni freschi e veloci

Questi contorni versatili sono pronti in un battibaleno e possono essere usati per vivacizzare un ampio assortimento di pietanze semplici.

Insalatina di mela, sedano e menta

2 cucchiaini di aceto di vino bianco
1 cucchiaino di zucchero
1 mela con la buccia, privata del torsolo e tagliata a pezzetti
2 piccoli gambi di sedano affettati
3 cipollotti finemente affettati
1 manciata di foglie di menta fresca tritate
1 manciata di noci grossolanamente tritate
sale e pepe nero appena macinato

Dosi per 4-6 porzioni

(V)

In una ciotola mescolate l'aceto e lo zucchero, e insaporite bene con sale e pepe. In un'altra ciotola mettete la mela, il sedano, i cipollotti, la menta e le noci, quindi, mescolando, unite agli ingredienti la miscela a basa di aceto. Condite a piacere con sale e pepe.

Insalatina di carota, arancia e menta

1 cucchiaino di zenzero grattugiato
la scorza grattugiata di 1 limone e una spruzzata di succo di limone
2 cucchiai di olio extravergine di oliva
3-4 cucchiaini di aceto di vino bianco
2 carote, pelate e grattugiate
2 arance, sbucciate e tagliate a spicchi
1 manciata di menta fresca tritata
Semi di papavero per guarnire (facoltativo)
sale e pepe nero appena macinato

Dosi per 4-6 porzioni

(V)

In una ciotolina mescolate assieme lo zenzero, la scorza e il succo di limone, l'olio di oliva e l'aceto e insaporite generosamente con sale e pepe. Mettete le carote, le arance e la menta in una ciotola a parte. Aggiungete la miscela di zenzero e limone e rigirate per amalgamare. Se li usate, cospargete di semi di papavero subito prima di servire.

Insalatina di cetriolo

1 cetriolo, tagliato a nastri con un pelapatate
2 ½ cucchiaini di sale
1 cucchiaio di aceto di riso
2 cucchiaini di zucchero
semi di sesamo

Dosi per 4-6 porzioni

(V)

Mettete i nastri di cetriolo in un colino posto sopra una ciotola, cospargeteli di sale e lasciateli riposare per 5-10 minuti, finché hanno rilasciato l'acqua di vegetazione. Sciacquate via il sale e spremeteli in uno strofinaccio da cucina pulito per eliminare l'eventuale liquido residuo. Metteteli in una ciotola.

In un'altra ciotola unite l'aceto di riso, lo zucchero e ½ cucchiaino di sale, versate il tutto sui nastri e mescolate per amalgamare. Se volete che il cetriolo sia più morbido, lasciatelo marinare per un paio d'ore. Cospargete di semi di sesamo subito prima di servire.

ketchup speziato

Dopo aver assaggiato il vostro ketchup fatto in casa non vorrete più tornare a quelli comprati al supermercato! È irresistibile servito con patate tagliate a grossi spicchi e fritte o con i bocconcini di halloumi impanati (vedi p. 44). Può essere anche un dono gradito da fare agli amici buongustai.

2 cucchiai di olio extravergine di oliva
2 cipolle rosse finemente tritate
1 gambo di sedano affettato sottile
4 cm di radice di zenzero fresco grattugiato
2 spicchi di aglio schiacciato
2 cucchiaini di peperoncino tritato
1 ½ cucchiaino di semi di cumino
1 ½ cucchiaino di semi di finocchio
4 lattine da 400 g di pomodori a pezzi
2 cucchiai di aceto di vino rosso
2 cucchiai di aceto balsamico
1 cucchiaino di zucchero bianco
2 cucchiai di zucchero di canna
2 cucchiai di concentrato di pomodoro
2 cucchiaini di timo limone tritato
2 foglie di alloro
sale e pepe nero appena macinato

Dosi per 600 ml

(V)

Fate scaldare l'olio a fiamma bassa in una padella larga e profonda, aggiungete le cipolle e due cucchiai di acqua e fate andare a fuoco lento finché le cipolle sono morbide. Se le cipolle tendono ad attaccare sul fondo, aggiungete un goccio di acqua. Unite il sedano e cuocete finché è morbido. Aggiungete lo zenzero, l'aglio e le spezie, e fate cuocere per un minuto. Aggiungete gli altri ingredienti e portate a bollore, poi abbassate la fiamma finché il composto sobbolle; a questo punto proseguite la cottura senza coperchio per 45 minuti circa per ridurre e addensare. Se vi sembra ancora troppo fluido alzate la fiamma e continuate a far restringere finché si presenta denso.

Togliete dal fuoco e lasciate raffreddare un po'. Eliminate le foglie d'alloro e frullate il composto con un mixer a immersione. Condite con sale e pepe; se desiderate una consistenza granulosa tenetelo così; altrimenti, se lo preferite più omogeneo, passate il composto attraverso un colino a rete fine, usando il fondo di un mestolo per premerlo con movimenti circolari.

Per imbottigliare e sigillare il ketchup, preriscaldate il forno a 100 °C. Lavate le bottiglie con acqua calda saponata, sciacquatele e mettetele in forno per 20 minuti circa. Versate il ketchup caldo nelle bottiglie calde e sterilizzate. In ogni bottiglia lasciate un piccolo vuoto d'aria in alto e sigillate immediatamente. Se correttamente sterilizzato e sigillato, il ketchup si dovrebbe conservare per un paio di mesi. Una volta aperto, tenete in frigorifero e consumate entro tre settimane.

marmellata di peperoncino

Questa marmellata 'poderosa' è un ingrediente molto utile da avere sottomano, ed è di gran lunga migliore di quelle che si comprano. È molto piccante, ma il suo sapore dolce mitiga meravigliosamente la piccantezza. Si conserva a lungo, pur non durando mai molto, perché è troppo buona! Servitela per accompagnare uova e formaggi, oppure usatela per i panini.

- **2-3 peperoncini piccanti freschi comprensivi di semi***
- **6 spicchi di aglio**
- **4 cm di radice di zenzero fresco**
- **500 g di zucchero bianco**
- **250 g di zucchero integrale**
- **250 ml di aceto di vino rosso**
- **1 kg di peperoni rossi, gialli e/o arancioni, tritati**
- **1 lattina da 400 g di polpa di pomodoro a pezzi**
- **2 cucchiaini di salsa di soia (facoltativo)**

Dosi per 1 litro

***Questa ricetta consente di preparare una marmellata mediamente piccante. Se la desiderate più piccante, aggiungete altri peperoncini.**

(V)

Mettete i peperoncini, l'aglio e lo zenzero in un mixer e azionate finché il tutto è finemente tritato.

Mettete lo zucchero bianco e quello integrale assieme all'aceto in una grossa padella e fate andare a fuoco lento finché lo zucchero si è sciolto. Aggiungete il mix di peperoncini, i peperoni e la polpa di pomodoro e portate a bollore. Abbassate il calore a medio e fate cuocere da 45 minuti a 1 ora e 30 minuti, finché il composto si scurisce e diventa sciropposo, formando delle bolle simili a lava. I tempi di cottura dipendono dal fornello e dalla padella che usate. Mescolate con regolarità, specialmente verso fine cottura, così che non bruci.

Per controllare se la marmellata sarà abbastanza densa mettete dei piattini in frigorifero a raffreddare. Quando pensate che la marmellata sia pronta, mettetene un cucchiaino su un piattino freddo; lasciatevelo per un minuto, poi, con il dito, controllate la consistenza.

Per sterilizzare i vasetti di marmellata, preriscaldate il forno a 120 °C. Lavate accuratamente i vasetti in acqua calda saponata, sciacquateli, poi posateli su una teglia e metteteli in forno per 20 minuti circa.

Quando la marmellata ha raggiunto la consistenza desiderata, aggiungete un po' di salsa di soia e cuocete per un altro minuto, quindi togliete dal fuoco. Lasciatela riposare per 5 minuti. Schiumate eventuali impurità, poi mettetela ancora calda nei vasetti anch'essi caldi e sterilizzati, lasciando un vuoto d'aria in alto. Sigillateli immediatamente e riponeteli in ambiente fresco e asciutto fino al momento del consumo. Se il vasetto è stato sterilizzato correttamente, la marmellata si conserverà da 6 mesi a 1 anno.

minestre e insalate

Minestre e insalate sono un modo fantastico per mettere in bella mostra la verdura fresca: dalle pietanze leggere e rinfrescanti dell'estate ai piatti invernali, che scaldano e confortano. Riuscite a pensare a un modo migliore per gustare tutto l'anno i più eccellenti prodotti di stagione?

zuppa di pomodori e peperoni con scones al formaggio

Con il suo colore ricco e il sapore intenso, questa semplice zuppa piace in ogni occasione. Servita senza scones diventa un piatto vegano.

2 cipolle rosse di medie dimensioni, divise in quarti
2 spicchi di aglio con la buccia
5 pomodori perini tagliati a metà
4 peperoni rossi tagliati a metà e privati dei semi
2 cucchiai di olio extravergine di oliva
300 ml di brodo vegetale
1 pizzico di zucchero
400 g di polpa di pomodoro in pezzi in lattina
sale e pepe nero appena macinato

Per gli scones al formaggio
250 g di farina autolievitante, più un altro po' per spolverare
1 punta di cucchiaino di sale
55 g di burro
30 g di formaggio cheddar stagionato stagionato
1 uovo sbattuto
130 ml di latte
1 uovo, poco sbattuto per glassare

Per guarnire
1 cucchiaio di basilico fresco finemente tritato (facoltativo)
4-6 cucchiai di crème fraîche o di panna acida (facoltativo)

una teglia da forno
una formina scanalata per biscotti

Dosi per 4-6 persone

(V)

Preriscaldate il forno a 200 °C.

Per preparare la zuppa, mettete le cipolle, l'aglio, i pomodori e i peperoni in una teglia da forno. Irrorate con olio di oliva, sale e pepe e cuocete per 30 minuti circa finché le cipolle e i pomodori si sono ammorbiditi e i peperoni leggermente coloriti. Dopo 10-15 minuti, controllate l'aglio e, se è morbido, toglietelo dal forno.

Mettete i peperoni in un sacchetto di cellophane sigillato e lasciateli raffreddare. Spellate i pomodori e mettete la polpa in una ciotola. Nella stessa ciotola spremete gli spicchi di aglio dalla loro buccia. Togliete dalle cipolle gli eventuali strati esterni secchi e aggiungete il bulbo carnoso all'aglio e ai pomodori.

Quando i peperoni sono abbastanza freddi da poter essere maneggiati, con delicatezza privateli della pelle e mettete la polpa nella ciotola con gli altri ingredienti. Aggiungete il brodo vegetale, lo zucchero, la polpa di pomodoro in scatola, e sale e pepe a piacere. Fate andare il tutto nel frullatore finché la consistenza sarà molto liscia. Assaggiate e, se necessario, aggiustate di condimento.

Per fare gli scones al formaggio, preriscaldate il forno a 200 °C. Setacciate insieme la farina e il sale e metteteli in una terrina. Incorporate il burro lavorandolo con un mixer o con le dita, finché il risultato si presenta simile al pane grattugiato, poi, mescolando, aggiungete il formaggio.

Formate una cavità al centro del composto di farina. Aggiungete l'uovo e il latte e mescolate. Lavorate l'impasto delicatamente e solo finché sta assieme e si presenta omogeneo. Spianatelo su una superficie leggermente infarinata sino a uno spessore di 2,5 cm. Con la formina ricavate dei dischi di pasta imprimendo una pressione verso il basso ma senza ruotare. Spennellate gli scones con l'uovo e spolverateli di farina. Cuocete in forno per 15 minuti finché sono gonfi e leggermente dorati.

Con un mestolo versate la zuppa nelle fondine e cospargete di basilico fresco tritato. Aggiungete un cucchiaio di panna acida, se gradita, in ciascuna fondina, e servite calda oppure fredda con gli scones di formaggio.

zuppa di lenticchie con crema di erbe aromatiche

La saporita crema di erbe aromatiche conferisce una nota fresca e leggera a questa minestra corroborante, rendendola un piatto adatto a ogni stagione.

1 cucchiaio di olio di semi
2 scalogni finemente tritati
4 spicchi di aglio schiacciati
1 peperoncino piccante fresco finemente tritato
2 cucchiaini di curcuma
½ cucchiaino di garam masala
1 patata dolce media tritata
250 g di lenticchie rosse essiccate spaccate, sciacquate e sgocciolate
500 ml di brodo vegetale
1 cucchiaio di olio extravergine di oliva
sale e pepe nero appena macinato
fette di pane a crosta dura al momento di servire

Per la crema di erbe aromatiche fresche
1 pomodoro
1 spicchio di aglio
2 cm di radice di zenzero fresco sbucciata
1 peperoncino piccante fresco
1 manciata di coriandolo fresco
1 cucchiaio di olio di semi

Dosi per 4-6 persone

Per preparare la minestra, scaldate a fiamma bassa l'olio di semi in un tegame, quindi aggiungetevi gli scalogni. Coprite e fate cuocere a fuoco lento per 5-10 minuti circa, finché gli scalogni sono appassiti ma non si sono ancora coloriti. Aggiungete l'aglio, il peperoncino piccante e le spezie, e fate andare per 2 minuti. Aggiungete la patata dolce e le lenticchie e mescolate finché la miscela è ben amalgamata. Versate brodo sufficiente a coprire tutti gli ingredienti. Portate a bollore, mettete il coperchio e fate sobbollire a fuoco lento per 45-60 minuti, finché le lenticchie e la patata sono morbide.

Se volete una consistenza più cremosa mescolate energicamente il composto per frantumare un po' le lenticchie. Insaporite generosamente con sale e pepe, quindi, rimestando, aggiungete alla minestra l'olio extravergine di oliva.

Per preparare la crema di erbe aromatiche, mettete tutti gli ingredienti nel mixer e frullate fino a ottenere un composto omogeneo.

Con il mestolo versate la zuppa nei piatti; poi, con un movimento circolare, adagiate un cucchiaio di crema di erbe in ciascun piatto. Servite ben caldo accompagnato da fette di pane a crosta dura.

zuppa fredda di menta e cetriolo con sfoglie di parmigiano

Questa zuppa fredda e rinfrescante è perfetta per una calda giornata estiva. Se le zuppe fredde non vi vanno troppo a genio, vi consigliamo caldamente di fare questo tentativo: vi convertirete! Si può preparare in anticipo, e si conserva in frigorifero per un giorno, pronta da mettere in tavola. Le sfoglie di parmigiano aggiungono una nota croccante extra, ma sono facoltative.

6 cetrioli lunghi cinesi, sbucciati, privati dei torsoli e tagliati a pezzi
1 manciata scarsa di menta fresca grossolanamente tritata
460 ml di crème fraîche o panna acida
la scorza grattugiata di 1 limone e succo di limone appena spremuto a piacere
1 ½ spicchi di aglio schiacciati
1 cucchiaino di zucchero
sale e pepe nero appena macinato

Per le sfoglie croccanti di parmigiano
50 g di formaggio parmigiano grattugiato

Dosi per 4-6 persone

Per preparare la zuppa di cetriolo, mettete il cetriolo e la menta nel frullatore e azionate fino a ottenere un purè. Con il fondo di un mestolo, passate il purè attraverso un colino a rete fine: l'aspetto sarà piuttosto acquoso.

Rimettete di nuovo nel frullatore metà della polpa rimasta nel colino assieme al liquido. Unite la crème fraîche o panna acida, la scorza di limone, l'aglio, lo zucchero, il sale e il pepe, quindi azionate finché il composto è omogeneo. Assaggiate e condite con succo di limone, zucchero, sale e pepe. Per esaltare gli aromi delicati di questa zuppa è necessario insaporirla generosamente.

Preriscaldate il forno a 180 °C.

Per preparare le sfoglie croccanti di parmigiano, distribuite il formaggio grattugiato a striscioline sottili sopra una teglia rivestita di carta da forno. Assicuratevi di lasciare lo spazio necessario tra ciascuna strisciolina, poiché col calore del forno il parmigiano si espande.

Fate cuocere in forno per 7 minuti, finché il parmigiano è sciolto e leggermente colorito. Togliete dal forno e, con delicatezza, prelevate le sfoglie dalla teglia usando un coltello per spalmare. Adagiatele su una gratella e lasciatevele finché sono diventate fredde e croccanti.

Con il mestolo versate la zuppa nelle scodelle e mettete in ciascuna un cubetto di ghiaccio per mantenerla fredda. Cospargete di sfoglie croccanti di parmigiano e mettete subito in tavola.

insalata di verdure arrosto con halloumi alla griglia

Questa insalata dal carattere fresco e colorato è semplice e veloce da preparare, ideale per un pasto infrasettimanale. Basta tagliare a pezzetti le vostre verdure preferite e cuocerle in forno per 40 minuti, giusto il tempo di sollevare le gambe sul divano dopo una lunga giornata di lavoro.

3 cucchiai di olio extravergine di oliva
2 cipolle rosse, sbucciate e tagliate in quarti
1 melanzana tagliata a pezzetti
1 zucchina tagliata a pezzetti
1 patata dolce di medie dimensioni tagliata a cubetti
1 peperone rosso, tagliato a strisce
1 manciata di pomodori ciliegini
4 spicchi di aglio con la buccia
250 g di halloumi
140 g di rucola
1 manciata scarsa di pinoli tostati
sale e pepe nero appena macinato

Per l'olio al basilico
1 manciata di foglie di basilico
100 ml di olio extravergine di oliva

Dosi per 4 persone

Preriscaldate il forno a 200 °C.

Mettete tutte le verdure in una grossa teglia e irrorate con l'olio di oliva. Insaporite bene con sale e pepe. Fate cuocere le verdure nel forno preriscaldato per 40 minuti - 1 ora, finché sono morbide e dorate, ma non disfatte.

Per l'olio al basilico, portate a bollore un po' di acqua in un pentolino. Immergete il basilico nell'acqua bollente per 10 secondi. Estraete le foglie e fatele raffreddare in una ciotola di acqua fredda. Scolatele e asciugatele, quindi mettetele nel mixer e azionate. Aggiungete l'olio di oliva e filtrate il tutto in una ciotola. Mettete da parte.

Oliate leggermente una piastra e regolate su calore medio. Disponetevi sopra l'halloumi tagliato a fette e fatele cuocere finché hanno assunto un colore bruno-dorato, girandole a metà cottura.

Per finire, in una ciotola unite la rucola alle verdure. Sbucciate gli spicchi di aglio e aggiungeteli all'insalata. Disponetevi sopra le fettine di halloumi. Irrorate il tutto con l'olio al basilico e cospargete di pinoli. Servite immediatamente.

insalata di barbabietole, quinoa e fagiolini con croccantini di scalogno

In questa insalata esotica viene usata la quinoa, un'ottima alternativa senza glutine a ingredienti tradizionali come il couscous. La quinoa è preziosa per integrare la dieta vegetariana poiché è una fonte completa di proteine ed è molto ricca di fibre. Per una consistenza super croccante cospargete di croccantini di scalogno, un accompagnamento molto indicato anche per le zuppe.

2 barbabietole crude con la buccia
1 manciata abbondante di fagiolini
100 g di quinoa
250 ml di brodo vegetale
1 manciata di pistacchi tostati
200 g di ceci in scatola
2 arance sbucciate e tagliate a fettine sottili

Per i croccantini di scalogno
1 scalogno tagliato a fette sottili
3 cucchiai di farina di ceci
olio di semi per friggere

Per il condimento allo zenzero
la scorza grattugiata e il succo appena spremuto di ½ arancia
il succo appena spremuto di ½ limone
1 spicchio di aglio schiacciato
2 cm di radice di zenzero fresco finemente tritata o grattugiata
1 peperoncino piccante fresco tagliato a dadini sottili
1 manciata di menta fresca finemente tritata
sale e pepe nero appena macinato

Dosi per 2-4 persone

Preriscaldate il forno a 200 °C.

Avvolgete le barbabietole in un foglio d'alluminio e cuocetele in forno per 30 minuti finché non cominciano ad ammorbidirsi. Lasciatele raffreddare e tagliatele a pezzetti.

Portate a ebollizione l'acqua in una pentola. Fate cuocere i fagiolini per 4 minuti circa, facendo attenzione che siano cotti ma ancora al dente. Una volta cotti, immergeteli in una ciotola di acqua fredda per interrompere il processo di cottura.

Mettete la quinoa e il brodo vegetale in una pentola. Portate a bollore, poi lasciate sobbollire per circa 15 minuti finché i chicchi sono cotti (devono essere morbidi ma comunque al dente) e il brodo è assorbito. Togliete dal fuoco, coprite la pentola e lasciate riposare per 5 minuti, poi con una forchetta sgranate la quinoa.

Per preparare i croccantini, passate le fettine di scalogno nella farina di ceci ricoprendole per bene. Versate 1 cm di olio in una padella fonda o nel wok posto su fiamma media. Portate l'olio a 180 °C, ma evitate che diventi caldo al punto da produrre fumo e schizzi (se non avete un termometro, l'olio ha raggiunto la giusta temperatura quando, immergendo un pezzetto di pane, questo impiega 40 secondi per prendere un colore bruno-dorato). Versate nella padella le fettine di scalogno e friggetele per 30 secondi, finché diventano dorate e croccanti. Lasciatele sgocciolare su carta da cucina e spolverate di sale.

Per preparare il condimento, mettete tutti gli ingredienti in una ciotola e sbatteteli energicamente finché sono completamente amalgamati. Insaporite con sale e pepe.

Per assemblare l'insalata, trasferite tutti gli ingredienti in un'insalatiera capiente. Versate il condimento, mescolate e servite nei piatti cospargendo di croccantini di scalogno.

carpaccio vegetariano estivo

In questo carpaccio rinfrescante le verdure, tagliate a fettine quasi trasparenti, sono insaporite con un condimento asiatico dal penetrante gusto agrodolce. Potete usare qualsiasi verdura a polpa dura che avete in frigorifero; il trucco sta nel tagliarla a fettine così sottili da permettere loro di assorbire il condimento e ammorbidirsi. Usare una mandolina affettaverdure garantisce un taglio netto e fette come di velo. È un fantastico antipasto o contorno leggero, particolarmente indicato per la tavola estiva.

5 grossi rapanelli
1 grossa carota
½ finocchio
1 grossa zucchina
½ cipolla rossa

Per il condimento asiatico
1 spicchio di aglio
2 cucchiaini di zenzero finemente tritato
1 pomodoro pelato e finemente tritato
1 cucchiaio di menta finemente tritata
1 cucchiaio di coriandolo finemente tritato
la scorza grattugiata di 1 lime e il succo appena spremuto di ½ lime
3 cucchiai di olio extravergine di oliva
½ cucchiaio di aceto di riso o di aceto di vino bianco
½ peperoncino piccante fresco
½ cucchiaino di zucchero
sale e pepe nero appena macinato

Dosi per 4-6 persone

Con una mandolina, un pelapatate o un coltello molto affilato tagliate con cura i rapanelli, il finocchio, la carota, le zucchine e la cipolla rossa cercando di ricavare delle fettine quanto più sottili possibile. Una volta affettate, mettete le verdure in una ciotola, coprite e mettete da parte mentre preparate il condimento.

Per preparare il condimento asiatico, mettete semplicemente tutti gli ingredienti in una ciotolina e sbatteteli energicamente con una forchetta finché sono ben amalgamati.

Per assemblare, versate il condimento sulle verdure e mescolate finché sono interamente coperte. Con le posate da insalata trasferite il carpaccio vegetale nei piatti e mettete subito in tavola.

insalata invernale di orzo, funghi e noci

L'orzo perlato è un'ottima alternativa ricca di fibre e proteine ad alimenti base come il riso o il couscous, e ha un delizioso aroma di noce. Un mix di funghi di stagione darà a questa insalata un gusto ricco e genuino, mentre il peperoncino piccante apporterà una calda nota speziata, particolarmente gradita in una giornata fredda.

200 g di orzo perlato
400 ml di brodo vegetale
1 manciata di gherigli di noci
1 cucchiaio di olio di noci
320 g di funghi misti di stagione affettati
2 spicchi di aglio schiacciati
1 pizzico di rosmarino essiccato
1 pizzico di peperoncino piccante tritato
1 manciata di rucola
sale e pepe nero appena macinato

Per la vinaigrette:
4 cipollotti finemente tritati
2 cucchiai di olio di noci
2 cucchiaini di aceto balsamico
1 spruzzata di succo di limone
1 manciata di prezzemolo fresco finemente tritato

Dosi per 2-4 persone

Mettete l'orzo perlato e il brodo in una pentola posta su fiamma media. Portate a bollore e fate andare a fuoco lento per 20-30 minuti finché l'orzo si è ammorbidito ma è ancora al dente.

Nel frattempo tostate le noci in una padella posta su fuoco medio.

In una padella a parte scaldate l'olio di noci e aggiungete i funghi e l'aglio. Soffriggete finché sono dorati, poi insaporite con sale e pepe. Aggiungete il rosmarino e il peperoncino piccante. Versate i funghi pronti in una ciotola e rimettete la padella sul fuoco per preparare il condimento.

Per fare il condimento mettete i cipollotti, l'olio di noci, l'aceto balsamico e il succo di limone nella padella e mescolate finché sono ben amalgamati. Poi fate cuocere a fiamma bassa fino a bollore. A questo punto togliete la padella dal fuoco, condite con sale e pepe e, mescolando, aggiungete il prezzemolo.

Per assemblare l'insalata di orzo, mettete le foglie di rucola in un'insalatiera capiente con i funghi e l'orzo perlato, e rigirando incorporate il condimento. Date un'ultima mescolata, trasferite nei piatti e mettete subito in tavola.

insalata calda di lenticchie con paneer e condimento piccante

Questa insalata fresca e gustosa è mediamente piccante ed è perfetta sia con il formaggio paneer fritto che, se si preferisce una versione vegana, con il tofu marinato. E si conserva bene, quindi può essere preparata in anticipo, dando modo ai sapori i svilupparsi.

400 g di lenticchie verdi in scatola
2 gambi di sedano affettati sottili
2 carote grattugiate
50 g di anacardi tostati
½ mango tagliato a metà e affettato nel senso della lunghezza
la scorza di ½ lime finemente grattugiata
1 cucchiaio di olio di semi
200 g di paneer (in alternativa tofu) tagliato a fette
1 manciata foglie di menta fresca o di coriandolo tritate
spicchi di lime per guarnire

Per il condimento piccante:
4 cucchiai di olio di semi
1 scalogno finemente tritato
½ cucchiaino di semi di senape
1 cucchiaino di garam masala
½ cucchiaino di curcuma
1 pizzico di peperoncino piccante in polvere
1 spicchio di aglio schiacciato
1 cucchiaino di zucchero
1 cucchiaio di aceto di vino bianco
50 g di uva sultanina
½ peperoncino piccante fresco privato dei semi e tagliato a dadini sottili

Dosi per 2-4 persone

Per preparare il condimento speziato, scaldate metà dell'olio in un padellino.

Aggiungete lo scalogno e fate cuocere a fuoco lento per 5 minuti, finché inizia ad ammorbidirsi ma quando ancora ha una consistenza piuttosto solida e non ha preso colore. Aggiungete il resto dell'olio, i semi di senape, il garam masala, la curcuma, il peperoncino in polvere, l'aglio e lo zucchero, e fate cuocere per 2 minuti. Togliete dal fuoco e aggiungete l'aceto, l'uva sultanina e il peperoncino fresco.

Per preparare l'insalata, mettete in un'insalatiera capiente le lenticchie, il sedano, le carote, gli anacardi tostati, il mango e la scorza di lime. Versateci sopra il condimento caldo, tenendone da parte due cucchiai circa per la messa in tavola, e mescolate finché il tutto è ben amalgamato.

Per cucinare il paneer o il tofu, scaldate l'olio in una padella e friggete le fette finché si presentano dorate su entrambi i lati, aiutandovi con delle pinze per girarle a metà cottura.

Spennellate le fette di paneer o tofu con il condimento tenuto da parte e adagiatele sopra l'insalata. Date il tocco finale aggiungendo la menta fresca o il coriandolo e disponendo a lato gli spicchi di lime da spremere a piacere.

insalata asiatica agropiccante con tofu marinato

Questa insalata croccante è perfetta per un pranzo leggero o come assaggio da servire nell'ambito di un più ampio menu asiatico. Potete utilizzare qualunque verdura fresca che avete a portata di mano.

100 g di punte di asparagi
100 g di taccole
50 g di anacardi tostati
100 g di germogli di fagiolo mungo
100 grammi di spaghetti di riso (facoltativo)
1 carota affettata a nastri
1 cucchiaio di semi di sesamo tostati, per guarnire

Per il tofu marinato:
200 g di tofu
2 cucchiai di olio di sesamo
1 cucchiaio di salsa di soia scura o tamari
½ peperoncino piccante fresco finemente tritato
1 cucchiaino di radice di zenzero grattugiata
la scorza grattugiata e il succo appena spremuto di ½ lime
½ cucchiaino di zucchero

Per il condimento:
½ cucchiaino di sale
2 cucchiaini di zucchero
la scorza grattugiata e il succo appena spremuto di 1 lime
1 cucchiaino di aceto di vino bianco
½ peperoncino piccante fresco

Dosi per 4 persone

Per il tofu marinato, mettete tutti gli ingredienti tranne il tofu in una ciotola e amalgamateli mescolando. Mettete il tofu in una ciotola a parte, versateci sopra la marinata e lasciatelo marinare per 30 minuti.

Portate a bollore l'acqua in una pentola e fate cuocere gli asparagi e le taccole per 3 minuti: dovrebbero risultare leggermente ammorbiditi ma non avere perso la loro croccantezza. Toglieteli dall'acqua bollente e metteteli in una ciotola piena di acqua ghiacciata per bloccare il processo di cottura. Fateli sgocciolare, poi tagliateli a metà nel senso della lunghezza e metteteli in un'insalatiera. Aggiungete gli anacardi tostati.

Se utilizzate gli spaghetti di riso, fateli cuocere seguendo le istruzione sulla confezione.

Mettete tutti gli ingredienti del condimento in una ciotola e mescolate finché sono ben amalgamati. Mettete i restanti ingredienti dell'insalata nell'insalatiera, aggiungete il condimento e mescolate in modo che l'insalata prenda il condimento. Sbriciolate sulla superficie il tofu marinato e date il tocco finale cospargendo con semi di sesamo.

focaccia rustica mediterranea

Questo soffice pane simile alla focaccia è ottimo per accompagnare zuppe o insalate. Potete aggiungere gustose farciture a vostro piacimento: dal semplice sale marino in scaglie al rosmarino appena colto, ai pomodori ciliegini, alle cipolle, al pesto fatto in casa.

450 g di farina tipo 0
2 cucchiaini di sale
7 g di lievito istantaneo in polvere
1 cucchiaino di zucchero
3 cucchiai di olio extravergine di oliva
250 ml di acqua tiepida

Per la farcitura:
olio extravergine di oliva
alcune generose prese di sale grosso
100 g di pomodori ciliegini
2 cucchiai di pesto a scelta tra quelli di p. 58; altrimenti pesto verde o rosso acquistato già pronto
1 manciata di aghi di rosmarino fresco
1 cipolla rossa affettata sottile

Dosi per 6 persone

Mettete la farina e il sale in una terrina capiente e mescolateli. Incorporate anche il lievito istantaneo e lo zucchero. Create una cavità al centro della farina e aggiungete l'olio di oliva; poi aggiungete 185 ml di acqua. Mescolate rapidamente fino a ottenere un impasto morbido. Se l'impasto vi sembra troppo asciutto, aggiungete gradualmente l'acqua restante.

Versate l'impasto su una superficie leggermente infarinata e lavoratelo per 10 minuti circa, finché si presenta liscio ed elastico. Per controllare che sia ben lavorato, raccoglietelo e ripiegatelo su se stesso come per formare una palla. Ora affondatevi il polpastrello. Se l'incavo scompare e l'impasto riprende la forma originale significa che è stato lavorato a sufficienza ed è pronto per la lievitazione.

Rimettete l'impasto nella ciotola e copritelo con della pellicola trasparente oliata. Lasciatelo lievitare in un luogo caldo per 45 minuti circa finché il volume è raddoppiato. Per verificare se è lievitato premetelo di nuovo con il polpastrello: se l'incavo permane e la pasta non torna alla forma iniziale vuol dire che è pronto.

Stendete l'impasto e lavoratelo per 1-2 minuti. Spolverate di farina la carta da forno e spianate l'impasto formando un largo rettangolo spesso 2 cm circa. Coprite con una pellicola oliata e lasciate a lievitare per altri 30-40 minuti. Una volta pronto, il volume dell'impasto sarà raddoppiato; questa volta, premendo con il polpastrello, la fossetta dovrebbe ritornare indietro.

Preriscaldate il forno a 200 °C

Con un dito costellate la superficie di fossette: esercitate una lieve pressione per creare degli incavi equidistanti finché la focaccia non ne sarà completamente ricoperta, poi irrorate di olio di oliva e cospargete di sale grosso. Aggiungete i pomodori ciliegini, il pesto e il rosmarino. Fate cuocere nella parte alta del forno per 25-30 minuti in tutto, estraendo 10 minuti dopo la messa in forno solo per aggiungere rapidamente la cipolla. Quando sfornate, la focaccia dovrebbe risultare cresciuta, dorata e soffice al punto giusto, e produrre un suono sordo se picchiettata sul fondo.

pane semplice

Il pane fatto lievitare col bicarbonato è semplice da preparare ed è sempre accolto in tavola con gioia; è ottimo come accompagnamento per le zuppe caserecce. Lo si può preparare in soli 30 minuti, e a parte tutto il resto ha anche il merito di diffondere un meraviglioso profumo per la cucina!

175 g di farina tipo 00
175 g di farina integrale
1 cucchiaino di sale
1 cucchiaino di bicarbonato di sodio
50 g di fiocchi d'avena
50 g di burro
285 ml di latticello
1 manciata di semi misti e farina da spargere in superficie

Dosi per 6-8 porzioni

Preriscaldate il forno a 200 °C.

Setacciate le farine in una terrina e aggiungete il sale, il bicarbonato di sodio e l'avena. Mescolate gli ingredienti secchi finché sono ben amalgamati.

Sciogliete il burro e aggiungetelo al latticello. Formate una cavità al centro degli ingredienti secchi. Versateci il latticello e mescolate bene in modo che tutti gli ingredienti secchi siano incorporati in quelli liquidi.

Lavorate la pasta per 1-2 minuti, quindi mettetela sulla teglia e modellatela a palla. Praticate un profondo taglio a croce sulla parte superiore, poi cospargete la superficie di farina e semi misti.

Fate cuocere nella parte alta del forno per 20-25 minuti, finché la pagnotta è ben gonfia e dorata e produce un suono sordo se la si batte sul fondo.

piatti principali

Eccovi una carrellata di gustose ricette da preparare in tutto relax per i pasti infrasettimanali assieme a idee più elaborate per il weekend, quando potete concedervi di trascorrere un po' più di tempo in cucina. Scegliete tra i sostanziosi piatti unici o tra le ricette più leggere e adatte alle giornate calde.

stufato di verdure con gnocchetti alle erbe

Questo stufato è ricco di ortaggi a radice, che ne fanno un piatto sostanzioso e salutare. La ricetta è molto versatile, perché potete usare qualsiasi tipo di verdura avete sotto mano. Le verdure riportate nella lista degli ingredienti sono perfette per una fredda giornata invernale, ma in estate possono essere sostituite con fave fresche, piselli e asparagi.

2 cucchiai di olio extravergine di oliva
25 g di burro
3 scalogni tagliati in quarti
2 patate a pasta bianca tagliate a tocchetti
1 pastinaca tagliata a tocchetti
250 g di carotine intere
250 g di funghi champignon
1 porro tagliato a rondelle
2 spicchi di aglio schiacciati
4 rametti di timo fresco
1 cucchiaino di senape di Digione
2 cucchiai di farina tipo 00
1 cucchiaio di aceto balsamico
240 ml di vino bianco
1 lattina da 400 g di fagioli bianchi di Spagna
250 g di barbabietola fresca pelata e tagliata a tocchetti
300 ml di brodo vegetale
sale e pepe nero appena macinato

Per gli gnocchetti alle erbe aromatiche
250 g di farina tipo 00
2 cucchiaini di lievito in polvere
125 g di burro salato, freddo
1 manciata di erbe aromatiche fresche
1 pizzico di senape in polvere (facoltativo)
sale e pepe nero appena macinato

Dosi per 4 persone

Preriscaldate il forno a 180 °C.

Mettete il burro e l'olio in una pirofila e fate scaldare a fuoco medio. Aggiungete lo scalogno e fate cuocere per 2 minuti. Aggiungete le patate, la pastinaca, le carote, i funghi e i porri e proseguite la cottura a fuoco medio-alto per altri 5 minuti, mescolando di tanto in tanto, finché le verdure cominciano a dorare. Abbassate leggermente la fiamma e aggiungete l'aglio e il timo. Insaporite generosamente con sale e pepe, quindi, mescolando, aggiungete la senape. Unite la farina e rimestate finché le verdure non sono ben impregnate e la farina completamente assorbita. A questo punto aggiungete l'aceto e il vino, e proseguite la cottura per altri 2 minuti. Unite i fagioli bianchi di Spagna e le barbabietole mescolando delicatamente, e da ultimo il brodo vegetale.

Portate a bollore e fate andare per 2 minuti. Poi coprite la casseruola con il coperchio e trasferite in forno. Fate cuocere per 40-50 minuti. Nel caso a fine cottura lo stufato risulti troppo liquido, trasferite la padella sul gas per far restringere il liquido in eccesso.

Nel frattempo preparate gli gnocchetti. Unite il lievito in polvere alla farina e setacciateli in una ciotola. Tagliate il burro freddo a pezzetti ed incorporatelo nella farina come per preparare la pasta frolla. Quando il composto avrà assunto l'aspetto del pane grattugiato, senza grumi di burro, incorporare le erbe aromatiche, la senape in polvere (se la usate), e insaporite con sale e pepe. Aggiungete un paio di cucchiai di acqua o la quantità necessaria per formare un composto solido.

Modellate delle palline grandi quanto una noce; copritele con la pellicola trasparente e mettetele a raffreddare in frigorifero in attesa che lo stufato sia pronto. Quand'è pronto, disponete gli gnocchetti in superficie in modo che siano semisommersi. Coprite col coperchio e mettete nuovamente lo stufato in forno oppure su fuoco medio-basso per 20 minuti, finché gli gnocchetti si presentano rigonfi e dorati sulla parte superiore.

tarte tatin di carote e porri

Una tarte tatin salata è un modo semplice ed efficace per creare un piatto vegetariano di grande impatto, perfetto per le occasioni conviviali. La nostra ricetta preferita prevede carote e porri, ma sarebbe altrettanto gustosa con pomodori e con scalogno.

1 cucchiaio di olio extravergine di oliva
25 g di burro
1 cucchiaio di miele
1 spicchio di aglio schiacciato
1 cm di radice di zenzero fresco, sbucciato e finemente tritato
1 cucchiaino di aceto balsamico
400 g di carote piccole, raschiate e lasciate intere (circa una dozzina)
1 porro tagliato a striscioline nel senso della lunghezza
2 cucchiai di vino bianco
375 g pasta sfoglia, scongelata se surgelata
sale e pepe appena macinato

Per il ristretto balsamico
150 ml di aceto balsamico
50 g zucchero integrale
1 cucchiaio di miele

Dosi per 4 persone

Preriscaldate il forno a 200 °C.

Mettete l'olio e il burro in una casseruola da forno a fuoco medio. Aggiungete il miele e fate cuocere finché non inizia a bollire e ad assumere un colore bruno-dorato. Aggiungete l'aglio, lo zenzero e l'aceto balsamico e infine le carote. Fatele rosolare girandole bene, in modo che assorbano il composto uniformemente, dopodiché aggiungete il porro a striscioline. Versate il vino bianco, coprite e fate cuocere a calore medio per 5 minuti. Fate andare senza coperchio per un altro minuto a fiamma alta finché le carote si presentano bruno-dorate inferiormente. Insaporite generosamente con sale e pepe.

Tagliate la pasta sfoglia seguendo la forma della padella e disponetela sopra le carote e i porri, ripiegando il bordo internamente lungo i lati. Infornate la padella e fate cuocere per 20 minuti, fino a quando la pasta sfoglia è ben gonfia e dorata.

Nel frattempo preparate il ristretto balsamico. Mettete l'aceto balsamico in una padella a fuoco vivo e lasciate bollire finché si è ridotto della metà. Abbassate la fiamma, aggiungete lo zucchero integrale e il miele e fate sciogliere mescolando. Fate sobbollire il tutto finché si presenta lucido e sciropposo.

Quando la tarte è pronta, fate passare la lama di un coltello lungo i bordi della padella per staccarla, quindi capovolgetela su un piatto caldo mentre è ancora calda. Irrorate le verdure con il ristretto balsamico e servite.

moussaka di verdure e lenticchie

Questo piatto appagante e traboccante di sapori costituisce una felice alternativa alle lasagne. Può essere preparato in anticipo ed è immancabile garanzia di successo in tavola.

2 melanzane, tagliate nel senso della lunghezza
5 cucchiai di olio extravergine di oliva
1 cipolla rossa finemente tritata
120 ml di vino bianco
1 carota finemente tritata
1 peperone rosso finemente tritato
½ zucchina finemente tritata
1 manciata di aneto finemente tritato
1 cucchiaino di origano
1 cucchiaino di cannella macinata
100 g di lenticchie rosse
1 lattina da 400 g di polpa di pomodoro in pezzi
600 g di patate pelate e tagliate a fettine
400 g di yogurt bianco
2 uova
la scorza di 1 limone non trattato
noce moscata grattugiata
60 g di feta sbriciolata
sale e pepe nero appena macinato

Dosi per 4 persone

Preriscaldate il forno a 180 °C.

Spolverizzate di sale le melanzane e irroratele con due cucchiai di olio di oliva, quindi fatele cuocere nel forno preriscaldato per 15-20 minuti, finche si presentano morbide e leggermente scurite.

Nel frattempo, mettete la cipolla in una padella capiente assieme a un cucchiaio di olio di oliva e un cucchiaio di acqua. Coprire e fate andare a fuoco lento per 5-10 minuti per ammorbidire la cipolla, ma senza farla colorire. Togliete il coperchio, aggiungete il vino e fatelo ridurre della metà alzando la fiamma. Aggiungete carota, peperone, zucchina, aneto, origano e cannella, e fateli rosolare finché hanno preso un colore bruno-dorato. Aggiungete le lenticchie, i pomodori e 240 ml di acqua, e fate sobbollire il tutto a fuoco basso per una ventina di minuti. Insaporite a piacere con sale e pepe.

Friggete le patate nei due restanti cucchiai di olio di oliva finché sono dorate su entrambi i lati e cominciano ad ammorbidirsi. Togliete dalla padella e ponetele ad asciugare su carta da cucina.

Per comporre la moussaka, rivestite di fette di melanzana il fondo di una pirofila, formate un altro strato con metà del preparato di lenticchie, quindi un altro strato ancora con metà delle patate. Ripetete l'operazione.

Per la copertura, battete lo yogurt aggiungendo le uova, il limone, la noce moscata e metà della feta. Versate il composto sopra la moussaka e cospargete la superficie con la restante feta sbriciolata. Passate al forno per 45 minuti, fino a quando la superficie è ben dorata. Servite calda o a temperatura ambiente, accompagnata da insalata verde.

risotto alle barbabietole

Un risotto è uno ottimo piatto base, ideale per la tavola di ogni giorno. Questa semplice ricetta è particolarmente gustosa, e il suo incredibile colore sarà sempre un argomento di conversazione!

500 g di barbabietole
2 cucchiaini di burro
2 cipolle rosse finemente tritate
2 spicchi di aglio schiacciati
6-8 cm di radice di zenzero fresco, sbucciato e grattugiato
400 g di riso per risotti
200 ml di vino bianco
850 ml di brodo vegetale
la scorza e il succo di 1-2 limoni
50 g di parmigiano grattugiato
3 rametti di timo tritati
1 manciata di prezzemolo tritato
sale e pepe nero appena macinato

Dosi per 4 persone

Preriscaldate il forno a 200 °C.

Avvolgete singolarmente le barbabietole in un foglio di alluminio e ponetele su una teglia da forno. Fatele cuocere nel forno preriscaldato per circa 40 minuti, finché sono tenere. Mettete da parte fino a quando sono abbastanza fredde per poter essere maneggiate, poi eliminate la pelle aiutandovi con il foglio di alluminio e tagliatele a tocchetti. Mettete da parte.

Fate sciogliere il burro in una padella con il doppio fondo, aggiungete le cipolle e fate cuocere a fuoco lento per circa 10 minuti, finché sono diventate morbide ma non dorate. Nel caso le cipolle tendano ad attaccarsi aggiungete 2 cucchiai di acqua. Mescolando, unite l'aglio e lo zenzero, e fate andare per altri 1-2 minuti. Aggiungete il riso e tostatelo fino a farlo diventare opaco. A questo punto, aggiungete il vino e fatelo assorbire mescolando. Aggiungete un quarto del brodo e mescolate finché tutto il liquido è assorbito.

Un po' alla volta continuate ad aggiungere il brodo, rimestando continuamente finché il riso è morbido ma al dente. Togliete dal fuoco, quindi aggiungete la scorza e il succo di limone e il parmigiano. Successivamente unite le barbabietole e il timo, e insaporite con sale e pepe. La consistenza dovrebbe risultare densa e cremosa; se necessario aggiungete altro brodo.

Servire in fondine preriscaldate e cospargete di prezzemolo fresco tritato. Portate subito in tavola.

fagioli al forno caserecci

Questi fagioli al forno sono quanto di meglio si possa desiderare per coccolarsi quando si è in vena di una serata un po' casalinga. Gustateli sopra un toast imburrato oppure accompagnati al pane di mais di p. 15.

- 2 cucchiai di olio extravergine di oliva
- 1 cipolla rossa tritata
- 2 spicchi di aglio schiacciati
- 1 cucchiaio zucchero di canna
- 1 cucchiaio di melassa
- 1 cucchiaino di senape di Digione
- ½ cucchiaino di paprika
- 1 cucchiaio di aceto balsamico
- ½ peperoncino piccante fresco privato dei semi e finemente tritato
- 1 lattina da 400 g di fagioli cannellini
- 1 lattina da 400 g di polpa di pomodoro in pezzi
- 240 ml di brodo vegetale
- sale e pepe nero appena macinato
- fette di pane tostato e imburrato, o pane di mais (vedi p. 15) al momento di servire (facoltativo)

Dosi per 2-4 persone

Preriscaldate il forno a 160 °C.

Mettete l'olio, la cipolla e due cucchiaini di acqua in una pirofila e coprite con il coperchio. Fate cuocere lentamente a fiamma bassa per circa 10 minuti, finché la cipolla risulta morbida ma non troppo colorita.

Aggiungete l'aglio, lo zucchero di canna, la melassa, la senape, la paprica, l'aceto e il peperoncino piccante, se gradito, e mescolate finché il tutto è ben amalgamato. A questo punto aggiungete anche i fagioli cannellini, la polpa di pomodoro e il brodo. Portate a bollore, cuocete per 2 minuti, quindi mettete il coperchio e trasferite in forno. Fate cuocere nella parte centrale del forno preriscaldato per 2 ore. Se la consistenza vi sembra troppo liquida, riportate la casseruola sul fornello a fiamma bassa e fate restringere il liquido fino alla consistenza desiderata. Insaporite generosamente con sale e pepe. Servite ben caldo accompagnando con pane tostato e imburrato o con pane di mais.

tajine di verdure

Questa ricetta prende spunto da un delizioso stufato di verdure in stile marocchino.
È un piatto molto versatile, che permette di usare qualunque verdura si abbia sotto mano. Da servire con abbondante couscous.

- 2 cucchiai di olio extravergine di oliva
- 2 cipolle rosse tagliate in quarti
- 1 cucchiaino di curcuma macinata
- 1 cucchiaino di cannella
- ½ cucchiaino di paprica
- 1 cm di radice di zenzero fresco finemente tritata
- 1 peperoncino piccante tritato
- 2 spicchi di aglio schiacciati
- la scorza grattuggiata di 1 arancia
- 1 peperone rosso e 1 giallo tagliati grossolanamente
- 1 patata dolce a cubetti
- 1 melanzana tagliata a tocchetti
- 2 carote tagliate a rondelle
- 50 g di albicocche essiccate tagliate in quarti
- 1 lattina da 400 g di polpa di pomodoro in pezzi
- 1 cucchiaio di miele chiaro o sciroppo d'acero
- 1 lattina da 400 g di ceci, sgocciolati
- 500 ml di brodo vegetale
- 1 manciata di spinaci novelli

Per guarnire

- 1 manciata di coriandolo mescolato a yogurt greco (facoltativo)
- couscous precotto

Dosi per 4-6 persone

(V)

Preriscaldate il forno a 180 °C.

Scaldate l'olio in una casseruola resistente al forno posta su fiamma medio-bassa. Aggiungete la cipolla e fate andare per 5 minuti. Unite la curcuma, la cannella, la paprica, lo zenzero, il peperoncino, l'aglio e la scorza d'arancia, e fate cuocere il tutto per 1 minuto. Poi aggiungete i peperoni, la patata dolce, la melanzana e le carote. Mescolate le verdure in modo che si insaporiscano bene con le spezie e proseguite la cottura per altri 2 minuti.

Aggiungete le albicocche, i pomodori, il miele e i ceci, quindi il brodo vegetale. Portate a bollore e fate cuocere per altri 2 minuti. Mettete il coperchio e trasferite la tajine nel forno preriscaldato, lasciandovela per 30-40 minuti. Quando la tajine è pronta toglietela dal forno e, mescolando, unite gli spinaci.

Con un cucchiaio, disponete la tajine sopra il couscous nei piatti e guarnite con il coriandolo fresco tritato e lo yogurt (se gradito). Servite calda.

spezzatino orientale di melanzane con patata dolce e spinaci

Questo piatto semplice, sano e leggero è facile da preparare e non richiede una dotazione esagerata di spezie. Servitelo con un generoso cucchiaio di yogurt bianco, una spolverata di erbe aromatiche fresche tritate e del riso al vapore.

- 2 melanzane tagliate a tocchetti
- 1 patata dolce pelata e tagliata a tocchetti
- 2 cucchiai di olio extravergine di oliva
- 1 cucchiaio di cannella in polvere
- 1 cucchiaio di olio di semi
- ½ cucchiaino di semi di senape
- 1 scalogno tritato
- 2 cm di radice di zenzero fresco pelata e grattugiata
- 2 spicchi di aglio schiacciati
- 1 peperoncino piccante fresco finemente tritato
- 2 cucchiaini di garam masala
- 2 cucchiaini di zucchero
- 1 lattina da 400 g di polpa di pomodoro in pezzi
- 1 manciata abbondante di spinaci freschi, lavati e asciugati
- 1 pizzico o 2 di zucchero (a piacere)
- 1 spruzzata di succo di lime
- sale e pepe nero appena macinato

Al momento di servire
riso al vapore
yogurt bianco (facoltativo)

Dosi per 4-6 persone

Preriscaldate il forno a 180 °C.

Disponete le melanzane e la patata dolce su una teglia da forno e insaporite con sale e pepe. Irrorate di olio di oliva e date una spolverata di cannella. Infornate per 40 minuti circa, finché le verdure sono cotte e ben dorate.

Scaldate l'olio di semi in una padella. Quando è bollente, aggiungete i semi di senape e mettete il coperchio. Fate cuocere per 2 minuti, o finché cominciano a crepitare. Abbassate il fuoco, togliete il coperchio e aggiungete lo scalogno, lo zenzero, l'aglio e il peperoncino. Rosolate per 3 minuti, fino a quando gli ingredienti cominciano ad ammorbidirsi. Aggiungere il garam masala e lo zucchero, e fate soffriggere per altri 5 minuti.

Infine aggiungete la polpa di pomodoro e lasciate sobbollire per 15 minuti. Unite le verdure al forno rimescolandole nella salsa e fatele andare a fuoco lento per 10 minuti. A questo punto, sempre mescolando, aggiungete gli spinaci e fateli appassire. Assaggiate e aggiungete a piacere altro zucchero, lime, sale o pepe.

Trasferite nei piatti di portata e servite ben caldo accompagnato da riso e, se gradito, da un cucchiaio di yogurt bianco.

funghi ripieni con fagioli bianchi alla panna

Questa pietanza si ispira a una cucina francese semplice e rustica. Preparate i funghi separatamente e serviteli come antipasto o pasto leggero (perfetto per chi osserva una dieta vegana), oppure accompagnateli a questi fagioli cremosi e aromatizzati alla senape per ottenere una cena completa davvero fortificante.

2 spicchi di aglio schiacciati
4 cucchiai di olio extravergine di oliva
4 cucchiai di vino bianco
le foglie di 1 rametto di rosmarino
4 grossi funghi Portobello, privati dei gambi (da tenere da parte per il ripieno)
1 cucchiaio di capperi sgocciolati e tritati
1 manciata di foglie di prezzemolo tritate
4 cucchiai di pane grattugiato (eventualmente ricavato da pane senza glutine)
olio extravergine di oliva, per spennellare
sale e pepe nero appena macinato

Per i fagioli bianchi alla panna
½ cipolla bianca finemente tritata
30 g di burro
1 lattina da 400 g di fagioli cannellini oppure di fagioli bianchi di Lima, sgocciolati
150 ml di brodo vegetale
2 cucchiaini di senape di Digione
3 cucchiai di panna light
1 manciata di spinaci finemente tritati
sale e pepe nero appena macinato

Dosi per 2-4 persone

Preriscaldate il forno a 180 °C.

Per preparare i funghi, in una terrina unite l'aglio, l'olio, il vino e il rosmarino. Versate il composto sopra i funghi e fateli marinare per 30 minuti.

Per preparare il ripieno dei funghi, tritate i gambi e metteteli in una ciotola. A questi unite i capperi, il prezzemolo, il pane grattugiato, il sale e il pepe e anche un cucchiaio di marinata. Con un cucchiaio, distribuite il ripieno sopra i funghi disposti con le lamelle verso l'alto.

Ponete i funghi in una pirofila e cuoceteli nel forno preriscaldato per 15 minuti. Affettate una baguette e sistemate le fette su una teglia, spennellatele con un po' di olio di oliva e infornatele 5 minuti prima che la cottura dei funghi sia ultimata.

Per preparare i fagioli, mettete la cipolla in una pentola con il burro, coprite col coperchio e fatele appassire a fuoco lento: la cipolla deve presentarsi morbida ma non ancora colorita. Scoperchiate e unite i fagioli e il brodo. Fate sobbollire per 5 minuti. Per completare, mescolando incorporate la senape, la panna e gli spinaci, e insaporite con sale e pepe.

Per mettere in tavola, adagiate i funghi sul piatto e disponete a lato qualche cucchiaio di fagioli alla panna.

cipolle con ripieno di ricotta e spinaci

Le cipolle ripiene sono molto più facili da cucinare di quanto non si pensi, e si possono preparare in anticipo, il che le rende ideali quando si hanno ospiti. Noi le abbiamo farcite con un cremoso ripieno di ricotta e spinaci. Ma sarebbe altrettanto indicato un ripieno a base di noci.
Provate a servirle accompagnate dalla nostra deliziosa Caponata (p. 60).

8 cipolle rosse bianche
2 cucchiai di olio extravergine di oliva
75 g di spinaci freschi finemente tritati
250 g di ricotta
la scorza grattata e il succo di ½ limone
½ cucchiaino di noce moscata grattugiata
pinoli e pane grattugiato per la gratinatura
sale e pepe nero appena macinato
Caponata (vedi p. 60), al momento di servire (facoltativo)

Dosi per 4 persone

Preriscaldate il forno a 180 °C.

Tagliate via la base alle cipolle, così che stiano in piedi. Poi tagliate via 2 cm circa dalla sommità e mondatele. Aiutandovi con un cucchiaino, scavate l'interno delle cipolle lasciando solo uno o due strati esterni. Se sul fondo della cipolla si è creato un buco, chiudetelo con un pezzo di cipolla prelevato col cucchiaino.

Rivestite una teglia di abbondante foglio d'alluminio – grande quanto basta ad avvolgere le cipolle – e ponetevi sopra le cipolle. Insaporitele con sale e pepe, irrorate di olio di oliva, versate due cucchiai di acqua, dopodiché avvolgetele e sigillatele all'interno del foglio d'alluminio. Fate cuocere nel forno preriscaldato per 30 minuti, finché le cipolle diventano tenere.

Per preparare il ripieno, fate appassire gli spinaci in una pentola messa su fiamma bassa. Fate sgocciolare l'eventuale liquido residuo e metteteli a raffreddare. Poi in una terrina unite la ricotta, gli spinaci, la scorza e il succo di limone, la noce moscata e il sale e il pepe, e mescolate finché tutti gli ingredienti sono ben amalgamati.

Riempite le cipolle cotte al forno con il ripieno agli spinaci e date il tocco finale disponendo sulla superficie una manciata di pinoli e pane grattugiato per creare la gratinatura. Disponete le cipolle su una teglia e ripassatele in forno per 15 minuti o finché lo strato superiore si presenta dorato. Mettete subito in tavola con un abbondante cucchiaio di caponata e contorno di insalata verde.

finocchi ripieni di riso con salsa di pomodoro fresco

Questo piatto fragrante e delicato è a base di erbe aromatiche, finocchio e limone freschi, ed è accompagnato da una salsa di pomodoro leggera. Può essere preparato in anticipo e poi passato rapidamente al forno per la cottura finale. Una soluzione perfetta per una cena estiva all'aperto.

8 finocchi
1 cucchiaio di olio extravergine di oliva, più un altro po' per irrorare
4 cucchiai di vino bianco
100 g di riso selvatico
400 ml di brodo vegetale
3 scalogni
2 spicchi di aglio schiacciati
la scorza grattugiata e il succo di ½ limone
60 g parimigiano grattugiato
1 manciata di erbe miste fresche tritate: prezzemolo, menta o erba cipollina
60 g di pane grattugiato morbido (oppure 30 g di pane grattugiato secco)
sale e pepe nero appena macinato

Per la salsa di pomodoro fresco
4 pomodori
1 spicchio di aglio schiacciato
2 cucchiai di olio extravergine di oliva
1 cucchiaio di vino bianco
1 cucchiaino di zucchero
1 cucchiaino di concentrato di pomodoro
1 spruzzata di succo di limone
1 cucchiaino di aceto balsamico o di aceto bianco
1 manciata di prezzemolo, menta o erba cipollina freschi tritati

Dosi per 4 persone

Preriscaldate il forno a 180 °C.

Per la preparazione dei finocchi: tagliate via una fetta sottile dalla base di ciascun finocchio, di modo che stiano dritti. Eliminate anche 2 cm circa dalla parte superiore, per poter arrivare bene al centro. Scavate il centro e tritate finemente la polpa estratta. Mettete da parte. Su una teglia da forno stendete un foglio di alluminio – abbastanza grande per avvolgere il tutto – e disponetevi sopra i finocchi. Dopo aver insaporito con sale e pepe, irrorate con olio di oliva e versate la metà del vino, quindi sigillate. Cuocete nel forno preriscaldato per circa 40 minuti, finché i finocchi sono morbidi.

Mettete il riso selvatico in una pentola con il brodo vegetale e fate cuocere seguendo le istruzioni riportate sulla confezione. Nel frattempo, scaldate un cucchiaio di olio di oliva in una padella. Aggiungete gli scalogni e fateli ammorbidire a fuoco lento senza farli colorire. Una volta cotti, togliete la metà degli scalogni e teneteli da parte. A questo punto unite la polpa di finocchio, che avete tenuto da parte, l'aglio, la scorza e il succo di limone, il restante vino e insaporite con sale e pepe. Coprite e fate cuocere a fuoco lento finché la polpa di finocchio si è ammorbidita, poi alzate la fiamma per fare evaporare il liquido e dorare le verdure.

Aggiungete il riso già cotto e metà del parmigiano. Insaporite con sale e pepe. Infine aggiungete il trito di erbe fresche. Riempite i finocchi con il composto di riso e coprite il tutto con pane grattugiato, una parte delle erbe fresche tritate e il restante parmigiano.

Per la salsa di pomodoro, sbollentate i pomodori in acqua bollente per poterli pelare facilmente. Privateli dei semi e tagliate finemente la polpa. Mettete l'olio di oliva e l'aglio nella padella, aggiungete gli scalogni tenuti da parte e fate rosolare a fuoco basso per 2 minuti. Unite il vino e la polpa di pomodoro e fate andare a fuoco lento per 5 minuti. Aggiungete lo zucchero, il concentrato di pomodoro e il succo di limone, quindi l'aceto e le erbe aromatiche. Servite i finocchi caldi accompagnati da un cucchiaio di salsa di pomodoro.

tortini cheescake con noci salate al miele

Questa variazione del classico cheesecake è ideale per un'occasione speciale. Usate il vostro formaggio preferito, meglio se dal sapore deciso, e le erbe aromatiche di stagione, e servite in tavola con una bella insalata verde croccante come quella di mela, sedano e menta a p. 62.

Per la base
200 g di biscotti di farina d'avena
50 g di burro
3 cucchiai di miele
sale e pepe nero appena macinato

Per la farcitura
150 di formaggio cremoso
150 g di ricotta
75 ml di panna acida
1 cucchiaino di senape di Digione
3 tuorli d'uovo
100 g di formaggio Wensleydale, feta o qualsiasi formaggio erborinato
1 manciata di erba cipollina finemente tritata
3 albumi d'uovo
50 g di parmigiano finemente grattugiato
sale e pepe bianco

Per le noci salate al miele
2 cucchiai di miele
2 cucchiaini di zucchero di canna
2 cucchiaini di sale di Maldon, più un pizzico per il tocco finale
100 g di gherigli di noce a pezzi

4 formine coppapasta imburrate

Dosi per 4 persone

Preriscaldare il forno a 150 °C.

Per la preparazione della base, mettete i biscotti di farina d'avena in un sacchetto di plastica e sminuzzateli aiutandovi con un mattarello, oppure metteteli nel mixer da cucina. Versate i biscotti sbriciolati in una terrina capiente e insaporiteli con sale e pepe. In una padella, fate sciogliere il burro a fuoco basso. Togliete dal fuoco e aggiungete il miele mescolando fino a farlo disciogliere. Amalgamate il burro e miele con i biscotti sbriciolati. Pressate il composto nelle formine coppapasta, aiutandovi con il fondo di un bicchiere per premere bene. A questo punto fate cuocere le basi nel forno preriscaldato per 8-10 minuti, fino a quando risultano dorate e compatte.

Nel frattempo mettete il formaggio cremoso, la ricotta, la panna acida, la senape e i tuorli d'uovo in una terrina e sbattete il tutto fino a ottenere un composto spumoso e leggero. Unite il formaggio sbriciolato, l'erba cipollina e insaporite con sale e pepe.

In una ciotola a parte, usando una frusta, montate gli albumi fino a farli diventare morbidi ma non completamente solidi, quindi prendetene un cucchiaio e unitelo al composto di formaggio per ammorbidirlo. Con delicatezza, unite i restanti albumi.

Portate la temperatura del forno a 160 °C. Con un cucchiaio trasferite il composto in ciascuna formina coppapasta ricoprendo le basi, poi cospargete di parmigiano. Fate cuocere nel forno preriscaldato per 30-40 minuti, finché i cheesecakes sono dorati in superficie e ben solidi ma ancora tremolano se scuotete con delicatezza la formina.

Per la preparazione delle noci salate al miele, fate stemperare a fuoco basso in una padella il miele, lo zucchero e il sale, continuando a mescolare fino a che lo zucchero è sciolto e il miele liquefatto. Togliete dal fuoco, aggiungete i gherigli di noci e mescolate per ricoprirli uniformemente. Rivoltate le noci su una teglia e spolverate con altro sale. Poi lasciatele raffreddare e solidificare.

Utilizzate un coltello per staccare i cheesecake dai bordi ed estrarli dalle formine. Servite caldi o a temperatura ambiente, guarnendo con le noci.

quiche di zucca, feta e salvia

È sempre utile avere nel proprio repertorio gastronomico una ricetta base per preparare la quiche. Sono molteplici gli assortimenti di verdure, formaggi ed erbe aromatiche adatti a questa ricetta; la si può quindi modificare facilmente in base agli ingredienti che sceglierete al momento.

Per la base della crostata
225 g di farina tipo 00
1 presa di sale
130 g di burro freddo tagliato a dadini
1 tuorlo d'uovo mescolato a due cucchiai di latte

Per la crema base della quiche
180 g di panna doppia, o crème fraîche per una versione più leggera
3 grosse uova
1 cucchiaino di senape di Digione
30 g di parmigiano grattugiato (facoltativo)
sale e pepe nero appena macinato

Per la farcitura
1 zucca pepona privata della buccia, dei semi e tagliata a pezzetti
2 cucchiai di olio extravergine di oliva
1 cucchiaino di foglie di salvia fresca finemente tritate
80 g di feta sbriciolata

uno stampo rotondo per crostate da 23 cm

Dosi per 4-6 persone

Preriscaldate il forno a 190 °C.

Con la punta delle dita, lavorate il burro incorporandolo nella farina. Cospargete con 1 cucchiaio e mezzo del composto di uovo e latte, e incorporatelo con l'aiuto di un coltello. Con le mani, lavorate assieme gli ingredienti nella terrina, ma solo fino a quando l'impasto prende forma, senza manipolarlo ulteriormente. Se vi sembra ancora troppo asciutto, aggiungete un altro ½ cucchiaio del composto di uovo e latte. Ripetete l'operazione finché l'impasto si presenta liscio e compatto.

A questo punto spianatelo su una superficie infarinata, o tra due fogli di carta da forno, assottigliandolo fino a uno spessore di 3 mm circa. Con il mattarello prelevate la sfoglia e adagiatela sopra lo stampo facendola aderire bene ai lati e al fondo. Passate il mattarello sopra lo stampo per staccare la pasta in eccesso, e con le dita sistemate bene la pasta lungo il bordo. Fate raffreddare la base in frigorifero per 30 minuti finché è ben solidificata.

Adagiate sopra alla base un disco di carta da forno di misura leggermente più grande dello stampo, e fate aderire bene la carta alla base. Riempite con fagioli secchi e fate cuocere nella parte alta del forno preriscaldato per 15 minuti. Dopo 15 minuti, togliete la carta e i fagioli secchi e rimettete la base di pastafrolla nel forno preriscaldato per altri 5 minuti, finché sono scomparse eventuali chiazze scolorite e la superficie della pasta si presenta ruvida al tatto.

Per preparare la crema, mettete tutti gli ingredienti in una terrina e sbatteteli assieme finché sono ben amalgamati.

Per preparare la farcitura, preriscaldate il forno a 200 °C. Mettete la zucca in una padella e irrorate con olio di oliva, quindi aggiungete sale e pepe a piacere. Fate rosolare la zucca per 30 minuti finché si presenta tenera e comincia a scurire. Fatela raffreddare, quindi incorporatela nella crema assieme alla feta e alla salvia. Con un cucchiaio trasferite la farcitura nella base di pastafrolla. Fate cuocere nella parte centrale del forno per 20 minuti circa. Servite a temperatura ambiente.

dolci prelibatezze

Non c'è niente come un dolce prelibato per far spuntare il sorriso. Per quanto non strettamente indispensabili al nostro fabbisogno alimentare, i dolci nutrono lo spirito, il che è altrettanto importante che nutrire il corpo! Dai dessert leggeri a base di frutta e dai sorbetti alle torte da forno e ai dolci al cucchiaio: è arrivano il momento di viziarsi un po'.

fool al rabarbaro, arancia e vaniglia con shortbread

Il fool è un tradizionale dessert inglese fatto di purè di frutta e panna montata. È estremamente versatile, e può essere preparato utilizzando qualunque composta di frutta. In questa nostra versione abbiamo sostituito la panna con lo yogurt, altrettanto gustoso ma più salutare.

250 g di rabarbaro lavato e tagliato a pezzi
2 cucchiai di zucchero extrafine
la scorza finemente grattugiata e il succo appena spremuto di un'arancia
2 cucchiai di zucchero semolato
500 g di yogurt bianco
1 cucchiaino di estratto di vaniglia o di pasta di vaniglia
1 cucchiaio di zucchero a velo passato al setaccio

Per gli shortbread
110 g di burro
55 g di zucchero extrafine, più un altro po' per guarnire
1 cucchiaino di estratto di vaniglia
180 g di farina tipo 00
la scorza grattugiata di ½ limone (facoltativo)

una formina per biscotti da 6 cm rotonda e scanalata

Dosi per 4 persone

Per preparare gli shortbread, preriscaldate il forno a 180 °C.

Lavorate il burro, lo zucchero e la vaniglia fino a ottenere un composto leggero e vaporoso. Aggiungete la farina passandola al setaccio e, se gradita, la scorza di limone, e mescolate finché il composto prende consistenza. Posatelo su una superficie infarinata e spianatelo riducendolo a uno spessore di ½ centimetro. Ricavate i dischi con la formina per biscotti, quindi adagiateli sulla teglia. Cospargete ogni biscotto con un po' di zucchero, poi riponete in frigorifero per 30 minuti per solidificare. Fate poi cuocere nel forno preriscaldato per 10-12 minuti, quindi trasferite gli shortbread uno a uno su una gratella a raffreddare.

Per preparare il fool, preriscaldate il forno a 200 °C.

Disponete il rabarbaro su una teglia e cospargetelo con lo zucchero extrafine, la scorza d'arancia e metà del succo. Fate cuocere in forno per 15 minuti, poi trasferitelo in una ciotola.

In una pentola unite lo zucchero e quattro cucchiai di acqua, e fate andare a fuoco lento finché lo zucchero si è sciolto. Alzate la fiamma e fate bollire per 2 minuti fino a ottenere uno sciroppo. Versate lo sciroppo sopra il rabarbaro cotto, aggiungete il restante succo d'arancia e lasciate raffreddare.

Trasferite nel mixer da cucina un terzo del composto di rabarbaro e fate andare fino a ottenere un purè. Mettete da parte.

Battete assieme lo yogurt, la vaniglia e lo zucchero a velo. Aggiungete il rabarbaro cotto al forno e mescolate per amalgamare. Versate un cucchiaio di purè di rabarbaro sul fondo di quattro coppette di vetro, poi aggiungetevi il composto di yogurt; a questo punto, con un movimento circolare del cucchiaio, incorporate dell'altra composta nella crema di yogurt. Date il tocco finale a ogni coppetta cospargendo la superficie con un po' di shortbread sbriciolati e servite con uno shortbread.

torta di pasta di mandorle alle prugne

Una torta di pasta di mandorle è un dessert molto versatile, ma riesce particolarmente bene farcita con mele, prugne, ciliegie o albicocche. Se non avete sotto mano della frutta, potete semplicemente riempire la base di marmellata e cospargere di mandorle affettate.

Per la base

1 base di pasta frolla (come spiegato a p. 116) preparata con un cucchiaino di spezie miste aggiunte alla farina prima di setacciare e 2 ½ cucchiaini di zucchero extrafine mescolato alla farina.

Per la farcitura

110 g di burro
110 g di zucchero
2 uova
1 cucchiaino di estratto di vaniglia
30 g di farina tipo 00
110 g di mandorle macinate
400 g di prugne lavate, private del nocciolo e divise a metà

Per la panna allo zenzero

150 ml di panna da montare
1 cucchiaio di zucchero a velo
2 cucchiai di sciroppo preso da un vasetto di zenzero sciroppato
1 cucchiaio da tavola di zenzero sotto sciroppo finemente sminuzzato

uno stampo rotondo per crostate da 23 cm

Dosi per 6-8 persone

Preparate l'impasto per la pastafrolla e infornate la base seguendo le istruzioni di p. 116. Solo aggiungete lo zucchero extrafine all'impasto per la base e mescolate bene prima di unire gli ingredienti liquidi. Regolate il forno su 180 °C.

Per preparare la farcitura di pasta di mandorle, mettete il burro e lo zucchero in una terrina e lavorateli finché sono soffici e leggeri. Aggiungete le uova, uno alla volta, sbattendo energicamente a ogni aggiunta, dopodiché la vaniglia. In una terrina a parte unite la farina e le mandorle macinate, quindi aggiungetele al composto di burro e mescolate finché il tutto è ben amalgamato. Versate il composto di mandorle nella base e disponete in superficie le mezze prugne equidistanti tra loro, schiacciandole un po' in modo che i bordi sprofondino. Infornate nel forno ancora caldo per 30-40 minuti o finché la pasta di mandorle si presenta dorata, rigonfia e solida al tatto. Fate raffreddare su una gratella.

Per la panna allo zenzero, mettete la panna, lo zucchero a velo e lo sciroppo in una terrina e sbattete con la frusta finché il tutto è montato a neve e mantiene la sua forma solida. Mescolando, incorporate lo zenzero sciroppato sminuzzato nella panna. Tagliate a fette la pasta di mandorle e servite ciascuna fetta con un cucchiaio di panna allo zenzero.

sorbetto estivo di frutti di bosco con tuiles di mandorle

Questo semplice sorbetto è leggero e fresco, quello che ci vuole in una giornata calda o al termine di un pasto troppo ricco. I frutti di bosco surgelati sono un modo facile ed economico per approvvigionarsi di frutta durante tutto l'anno. E quand'è stagione potete sostituirli con frutti di bosco freschi.

100 g di zucchero
125 ml di acqua
500 g di frutti di bosco surgelati
la scorza grattugiata e il succo appena spremuto di 1 arancia
1 cucchiaino di estratto di vaniglia o di pasta di vaniglia
1 pizzico di sale

Per le tuiles di mandorle
1 albume d'uovo
25 g di farina tipo 00
40 g di zucchero
25 g di burro fuso
1 goccia di estratto di vaniglia
1 manciata di mandorle affettate

una gelatiera (facoltativo)

Dosi per 2-4 persone

Per preparare il sorbetto, mettete lo zucchero e l'acqua in una pentola su fiamma bassa finché lo zucchero si è sciolto. Alzate la fiamma e fate bollire per 2 minuti, fino a ottenere uno sciroppo. In una pentola a parte mettete i frutti di bosco, la scorza e il succo d'arancia, l'estratto di vaniglia e il sale. Versatevi sopra lo sciroppo, quindi mettete sul fuoco e lasciate sobbollire per 10 minuti. Mettete a raffreddare.

Quando il composto è freddo, mettetelo nel mixer e azionate finché diventa omogeneo, poi filtratelo per eliminare i semi e versatelo nella gelatiera seguendo le istruzioni sul manuale. Se non disponete di una gelatiera, versate il composto in un contenitore a chiusura ermetica e riponetelo nel freezer finché comincia a solidificarsi (ci vogliono 3-4 ore). Prima che il composto solidifichi troppo, toglietelo dal freezer e fatelo andare nel mixer per sciogliere eventuali cristalli di ghiaccio. Rimettete il composto nel contenitore e riponete di nuovo nel freezer.

Per fare le tuiles, preriscaldate il forno a 190 °C.

Mettete l'albume d'uovo in una ciotola e sbattetelo con una forchetta finché comincia a formare delle bollicine. Unite poi la farina setacciata e lo zucchero, mescolando finché sono ben amalgamati, quindi, sempre mescolando, aggiungete il burro fuso e la vaniglia.

Con un cucchiaino prelevate un po' di pastella, adagiatela sulla teglia e, aiutandovi con il fondo di un cucchiaio, allargatela in uno strato così sottile da essere quasi trasparente. Lasciate almeno 2,5 cm tra le tuiles e cospargetele di mandorle.

Fate cuocere in forno per 5 minuti o finché le tuiles si presentano dorate lungo i bordi (tendono facilmente a bruciare, per cui è necessario tenerle d'occhio). Lasciandole sulla superficie calda, sollevatele con cura una alla volta con una paletta e attorcigliatele attorno al manico di un cucchiaio di legno per dare loro forma. Se sono troppo rigide per piegarsi, infornate di nuovo per 30 secondi. Se le desiderate piatte, basta toglierle dalla teglia e metterle a raffreddare.

Servite il sorbetto accompagnandolo con le tuiles di mandorle.

meringhe alla nocciola con panna e lamponi

Il dessert che vi presentiamo è un successo garantito e richiede pochissimo sforzo: le meringhe si possono preparare anche in anticipo e la panna montata è pronta in un attimo.

Per le meringhe
3 bianchi d'uovo
225 g di zucchero extrafine
1 cucchiaino di estratto di vaniglia
100 g di nocciole (o di pecan o di noci), finemente sminuzzate o passate al mixer
16 cracker tipo Ritz sminuzzati
½ cucchiaino di lievito in polvere

Per la farcitura
300 ml di panna da montare, fredda di frigorifero
4 cucchiai di zucchero a velo
50 g di lamponi freschi (il mango e le fragole sono altrettanto indicati)

2 teglie rivestite di carta da forno o stampi per pasticcini da 2 x 15 cm, rivestiti di carta da forno
1 tasca da pasticciere con il beccuccio largo (facoltativo)

Dosi per 6-8 persone

Se usate la placca del forno rivestita di carta da forno, con una matita disegnate un numero pari di cerchi del diametro di 6 cm come riferimento per disporre il composto per le meringhe.

Preriscaldate il forno a 180 °C.

Mettete gli albumi in una ciotola ben asciutta e, con la frusta elettrica, montateli a neve. Gradualmente, aggiungete lo zucchero agli albumi, un cucchiaio alla volta, riportando il composto nuovamente a neve dopo ogni aggiunta. Mescolando, incorporate l'estratto di vaniglia, quindi, con delicatezza, i restanti ingredienti.

Con la tasca, o con il cucchiaio, adagiate il composto entro i cerchi disegnati sulla carta da forno, altrimenti suddividetelo negli stampi. Cuocete nella parte centrale del forno preriscaldato per 25-30 minuti, finché la superficie delle meringhe è croccante ma il centro morbido e appiccicoso. Trasferite su una gratella per farle raffreddare completamente prima di farcirle.

Quando siete pronti per servire, preparate la farcitura. Montate assieme la panna fredda di frigorifero e lo zucchero a velo finché prendono corpo. Con il cucchiaio, disponete un po' di panna su metà delle meringhe, aggiungete i lamponi e sovrapponete le altre meringhe. Riponete in frigorifero fino al momento di servire.

crumble di mele, more e mandorle

Questa combinazione classica di sapori è sempre un grande trionfo. È meglio cuocere separatamente il preparato per lo strato superiore, così da avere tutta la superficie croccante in modo omogeneo.

Per lo strato superiore
200 g di farina tipo 00 (o di farina senza glutine, tipo farina di riso)
80 g di mandorle macinate
1 ½ cucchiaino di cannella macinata
1 pizzico di sale
125 g di burro, freddo di frigorifero tagliato a dadini
150 g di zucchero di canna
30 g di mandorle affettate (facoltativo)

Per la farcitura
850 g di mele, sbucciate e tagliate a dadini
60 g di zucchero di canna
la scorza grattugiata di 2 limoni
½ cucchiaino di cannella macinata
1 bastoncino di cannella
½ cucchiaino di estratto di vaniglia o 1 baccello di vaniglia
noce moscata grattugiata
360 g di more fresche o surgelate
succo di limone appena spremuto, a piacere
50 g di mandorle spellate (facoltativo)
yogurt bianco o gelato alla vaniglia al momento di servire

Dosi per 4-6 persone

Preriscaldate il forno a 160 °C.

Per preparare lo strato superiore croccante, mettete in una terrina la farina, le mandorle, la cannella e il sale, e amalgamate bene. Aggiungete il burro: per incorporarlo sfregatelo delicatamente con la punta delle dita di modo che il risultato finale sia simile al pane grattugiato. Se volete risparmiare tempo, lo stesso risultato si può ottenere con il mixer; se lo usate, fate andare il composto solo finché avete raggiunto la consistenza desiderata, non oltre. Aggiungete lo zucchero e le mandorle affettate, se le usate, e mescolare il tutto per unire uniformemente gli ingredienti. Versate il preparato per lo strato superiore in una teglia e fate cuocere nel forno preriscaldato per 20 minuti o finché si presenta leggermente dorato, controllando e rigirando leggermente il composto a metà cottura.

Per preparare la farcitura di frutta, mettete le mele, lo zucchero, la scorza di limone, la cannella macinata, il bastoncino di cannella, la vaniglia, la noce moscata e quattro cucchiai di acqua in una pentola con il doppio fondo. Ponetela su fuoco medio e fate cuocere lentamente le mele finché sono morbide esteriormente ma non disfate, e lo zucchero si è sciolto. Se il liquido è tutto evaporato e le mele tendono ad attaccarsi, aggiungete un poco di acqua. A questo punto unite le more al composto e fate andare a fuoco lento finché il tutto è ben caldo. Togliete dal fuoco ed eliminate il bastoncino di cannella e il baccello di vaniglia. Aggiungete succo di limone a piacere, quindi, se le usate, incorporate le mandorle intere.

Suddividete il composto di frutta nei singoli piatti o in un unico grosso piatto di portata, cospargete la superficie con il preparato croccante per lo strato superiore e servite assieme a un cucchiaio di yogurt bianco o di gelato alla vaniglia.

pesche affogate all'amaretto con crème fraîche

Questo raffinato dessert si prepara in poco tempo. La crème fraîche fa da fresco contrappunto al sapore dolce del frutto affogato nel liquore. Potete preparare le pesche in anticipo e tenerle in frigorifero fino al giorno dopo.

- 300 g di zucchero semolato
- 100 ml di liquore Amaretto di Saronno
- la scorza grattugiata e il succo di 1 limone
- 1 cucchiaino di estratto di vaniglia
- 4 anici stellati
- 6 pesche ben sode, intere e con la buccia
- 50 g di pistacchi, per guarnire

Per la crème fraîche agli amaretti

- 100 g di amaretti sbriciolati
- 500 ml di crème fraîche o di panna acida
- 2 cucchiai di liquido di cottura delle pesche

Dosi per 6 persone

Per arrostire i pistacchi, preriscaldate il forno a 200 °C. Disponete i pistacchi in una teglia da forno e fateli cuocere per 5 minuti, finché sono leggermente tostati.

Mettete lo zucchero e 400 ml di acqua in una pentola grande a sufficienza da poter contenere le pesche (ma aspettate a immergerle). Fate andare a fiamma bassa, mescolando lentamente finché lo zucchero si è sciolto, poi alzate la fiamma e fate bollire a fuoco vivo per cinque minuti; durante quest'ultima operazione non mescolate. Abbassate la fiamma, aggiungete il liquore, la scorza e il succo di limone, la vaniglia e gli anici stellati.

Ora mettete le pesche nella pentola e fate andare a fuoco medio per 15 minuti, poi togliete dal fuoco. Con una schiumarola ripescatele dalla pentola e lasciatele raffreddare, ma tenete da parte il liquido di cottura. Quando le pesche si sono raffreddate, se lo desiderate potete togliere la buccia con delicatezza.

Per fare la crème fraîche agli amaretti, incorporate nella crème gli amaretti sbriciolati e due cucchiai di liquido di cottura. Non fatelo con troppo anticipo, altrimenti gli amaretti diventano molli.

Servite le pesche calde o a temperatura ambiente con un cucchiaio di crème fraîche agli amaretti, una spruzzata di liquido di cottura e una manciata di pistacchi tostati.

carpaccio di ananas

Ecco un'idea per mettere in tavola un dessert leggero diverso dal solito, con un sottile retrogusto di peperoncino e agrumi e un originale aroma speziato. Potete servirlo anche con yogurt, gelato o crema a base di cioccolato.

100 g di zucchero semolato
100 ml di sciroppo d'acero
1 pizzico di sale
1 pizzico di pistilli di zafferano
1 bastoncino di cannella
1 baccello di vaniglia diviso a metà nel senso della lunghezza
2 anici stellati
2 peperoncini piccanti rossi freschi finemente tritati
la scorza finemente grattugiata e il succo appena spremuto di 2 lime
1 pizzico di pepe nero
50 ml di rum bianco (facoltativo)
1 ananas privato della scorza, del torsolo e tagliato orizzontalmente a fettine molto sottili

Dosi per 4-6 persone

Ⓧ Ⓥ

Versate lo zucchero e 400 ml di acqua in una pentola posta su fiamma bassa, e mescolate delicatamente finché lo zucchero si è completamente sciolto, poi portate a bollore e, senza mescolare, fate andare per 5 minuti, finché il liquido si è leggermente ristretto. Aggiungete lo sciroppo d'acero, il sale, lo zafferano, il bastoncino di cannella, il baccello di vaniglia e gli anici stellati. Spegnete il fuoco e lasciate in infusione per almeno 1-2 ore. Filtrate lo sciroppo, tenete da parte il baccello di vaniglia e con delicatezza fate fuoriuscire i semi aiutandovi con un coltello. Incorporateli assieme al peperoncino piccante, alla scorza di lime, al pepe nero e al rum bianco, se lo usate. Aggiungete un cucchiaio di succo di lime, assaggiate lo sciroppo e, se è il caso, aggiungetene altro a piacimento.

Disponete le fettine di ananas in una terrina, ricoprite con lo sciroppo e lasciatele riposare per un paio d'ore o per tutta la notte in frigorifero. Servite il carpaccio da solo o accompagnato con gelato alla vaniglia.

arance caramellate con mascarpone e pistacchi tostati

Questo dessert molto semplice richiede poca preparazione e conclude il pasto all'insegna della delicatezza.
Può essere particolarmente adatto dopo la nostra Tajine di verdure (p. 104).

150 g di zucchero semolato
1 manciata di pistacchi
2 arance tagliate a fette; conservate la scorza e tagliatela a striscioline sottili
il succo appena spremuto di ½ arancia

Per il mascarpone al miele
250 g di mascarpone
1 cucchiaio di zucchero a velo
1 cucchiaino di estratto di vaniglia

Dosi per 4 persone

Tostate i pistacchi in una pentola senza condimento posta su fiamma media, quindi avvolgeteli in uno strofinaccio da cucina pulito e sminuzzateli passandovi sopra il mattarello.

In una brocca, o in un contenitore graduato, mescolate il succo d'arancia con 200 ml di acqua, e mettete da parte.

In una pentola versate lo zucchero semolato assieme a 100 ml di acqua. Fate andare a fuoco lento finché lo zucchero si è sciolto. Portate poi il liquido a bollore e fate andare finché il composto prende un color terracotta scuro. Mentre bolle, non mescolate; smuovete invece con delicatezza la pentola di tanto in tanto. Facendo attenzione, togliete la pentola dal fuoco e versatevi la miscela a base di succo d'arancia, due cucchiai di acqua e le striscioline di scorza d'arancia. Siate cauti, poiché il caramello tenderà a sfrigolare. Mescolate il tutto per sciogliere eventuali grumi e versate sopra alle fette di arancia. Lasciate marinare per un'ora o più.

In una scodella, sbattete il mascarpone assieme allo zucchero a velo e all'estratto di vaniglia, quindi servitelo assieme alle fette di arancia. Cospargete di pistacchi tostati e mettete in tavola.

torta morbida all'arancia, mandorle e amaretto

Una torta leggera, morbida, saporita e senza farina: il non plus ultra per chi non mangia glutine. Poiché questo è un dolce spugnoso che nasce da una pastella montata, la sua leggerezza e sofficità dipendono dalla quantità di aria che riuscirete a inglobare. L'importante è incorporare gli ingredienti con grande attenzione, così da trattenere all'interno quanta più aria possibile.

200 g di mandorle macinate, più un altro po' per preparare la tortiera
240 g di mezze albicocche sciroppate, sgocciolate tenendo lo sciroppo da parte
100 g di yogurt bianco intero
6 tuorli d'uovo
180 g di zucchero extrafine
1 cucchiaino di lievito in polvere senza glutine
6 chiare d'uovo

Per la bagna
il succo tenuto da parte delle albicocche sciroppate (4 cucchiai circa)
1 cucchiaio di miele o di sciroppo d'acero
2 cucchiai di zucchero extrafine
la scorza grattugiata di 1 arancia
2 cucchiai di liquore Amaretto di Saronno (facoltativo)

una tortiera apribile, imburrata e con la base rivestita di carta da forno

Dosi per 6-8 persone

Preriscaldate il forno a 170 °C. Spolverate di mandorle macinate la base della tortiera.

Frullate le mezze albicocche nel mixer finché non si trasformano in un purè omogeneo. Aggiungete lo yogurt e frullate brevemente fino ad amalgamare il tutto.

In una ciotola mettete i tuorli d'uovo e lo zucchero e sbatteteli finché si presentano chiari, leggeri e soffici. Con delicatezza, incorporate il composto di albicocche nei tuorli sbattuti. Unite le mandorle macinate e il lievito in polvere, e incorporateli nel composto di tuorli. Infine, usando una frusta pulita, montate a neve le chiare d'uovo e, con delicatezza, incorporatele nella pastella mescolando finché non resta traccia di grossi grumi bianchi. Con il cucchiaio versate la pastella nella teglia e mettetela a cuocere nel forno preriscaldato per 50 minuti - 1 ora, finché uno stuzzicadenti infilato nel mezzo ne esce pulito. Questa torta tende a colorirsi parecchio, perciò volendo potete posizionare un disco di carta da forno sulla superficie dopo 30 minuti se vi sembra che cominci a scurire troppo. Nel raffreddarsi, la torta si abbasserà leggermente.

Per fare la bagna, mettete il succo di frutta, il miele, lo zucchero e la scorza d'arancia in una padella posta su fiamma bassa finché lo zucchero si è sciolto. Quindi portate a bollore e proseguite la cottura per 2-3 minuti per addensare il liquido, che dovrebbe presentarsi chiaro e sciropposo. Infine aggiungete il liquore, se lo usate, e assaggiate.

Con uno stuzzicadenti, bucherellate la superficie della torta e, a cucchiaiate, fate penetrare lo sciroppo caldo nel dolce in modo tale che la pasta spugnosa lo assorba. Servite il dolce a temperatura ambiente, aggiungendo qualche altro cucchiaio di sciroppo al momento di mettere in tavola. Risulta parecchio appiccicoso, per cui lo si mangia con la forchetta.

brownies di cioccolato all'arancia

Questi brownies energetici e senza glutine sono una fantastica prelibatezza in ogni circostanza. Assaporateli con una tazza di caffè a metà mattina, gustateli a fine pranzo, oppure scaldateli e serviteli come dessert per un'occasione speciale assieme a un cucchiaio di gelato alla vaniglia.

100 g di burro
150 g di cioccolato fondente
30 g di polvere di cacao passata al setaccio
100 g di mandorle macinate
1 cucchiaino di lievito in polvere senza glutine
3 uova
200 g di zucchero integrale
1 cucchiaino di estratto di vaniglia
la scorza grattugiata di 1 arancia

una tortiera da 20 x 30 cm, con la base rivestita di carta da forno

Dosi per 6-8 persone

Preriscaldate il forno a 160 °C.

Versate 5 cm di acqua in una pentola (o sul fondo di un bagnomaria) e quando comincia a bollire portate la fiamma al minimo. Mettete il burro e il cioccolato in una ciotola termoresistente (o nella parte superiore di un bagnomaria), ponetela sopra la pentola con l'acqua che sobbolle e fateli sciogliere; poi lasciate raffreddare leggermente.

In una ciotola a parte unite le mandorle, il cacao e lievito in polvere. Mettete da parte. In una terza ciotola unite le uova, lo zucchero, la vaniglia e la scorza d'arancia. Formate una cavità al centro degli ingredienti secchi. Versatevi il composto di uovo e il cioccolato fuso e mescolate a partire dal centro finché il tutto è ben amalgamato. Versate nella tortiera rivestita di carta da forno.

Fate cuocere i brownies nel forno preriscaldato per 25 minuti circa, finché si presentano solidi ovunque e tendono a staccarsi leggermente dai lati della tortiera. Se vi piacciono piuttosto cremosi, toglietegli dal forno un paio di minuti prima; se li preferite di consistenza più solida, lasciateveli un paio di minuti in più. Fate raffreddare nella tortiera prima di capovolgerli su una gratella. Staccate la carta da forno, trasferite su una superficie piatta e tagliate a riquadri o a strisce, come preferite. Serviteli caldi con del gelato, oppure conservateli in un contenitore ermetico per gustarli durante la settimana.

cantucci al pistacchio, cioccolato bianco e mirtillo

Questi biscotti sono ideali da servire come golosità del dopocena assieme al caffè o a un liquore. Possono costituire anche un prezioso dono gastronomico, soprattutto nel periodo di Natale. Usate la ricetta qui presentata come traccia, sostituendo a questi ingredienti la frutta essiccata, quella in guscio e le spezie che avete in dispensa per creare le vostre personali combinazioni di sapore.

125 g di farina tipo 00, più un altro po' per spolverare
1 punta di cucchiaino di lievito in polvere
80 g di zucchero
75 g di pistacchi
50 g di mirtilli essiccati
la scorza finemente grattugiata di 1 limone
50 g di gocce di cioccolato bianco
2 cucchiai di semi di sesamo neri o bianchi
1 pizzico di sale
1 cucchiaino di estratto di vaniglia
1 cucchiaino di spezie miste
50 g di frutta essiccata sminuzzata (come albicocche o uva sultanina)
la scorza grattugiata di 1 arancia
2 uova brevemente sbattute

una teglia rivestita di carta da forno

Dosi per 6-8 persone

Preriscaldate il forno a 180 °C.

Setacciate la farina e il lievito in una terrina capiente, aggiungete gli altri ingredienti tranne le uova, e mescolate finché il tutto è ben amalgamato.

Aggiungete gradualmente le uova al composto, mescolando con un cucchiaio fino a quando l'impasto sta assieme ed è lavorabile con le mani. Dovrebbe risultare morbido e non troppo appiccicoso. Dividetelo in tre palle di uguali dimensioni, infarinate leggermente la superficie di lavoro, quindi, facendole rotolare, allungatele fino a farle diventare tre cilindretti di 2,5 cm di diametro.

Sistemate i cilindretti di pasta sulla teglia predisposta a una distanza di almeno 6 cm tra l'uno e l'altro (si allargano considerevolmente) e con le dita o il fondo di una forchetta appiattite leggermente la parte superiore. Fate cuocere nel forno preriscaldato per 20-30 minuti, finché si presentano leggermente bruno-dorati. Togliete dalla teglia e mettete a raffreddare su una gratella per 10-15 minuti, trascorsi i quali si saranno solidificati.

Abbassate la temperatura del forno a 140 °C.

Quando i cilindretti si sono solidificati, tagliateli diagonalmente a fette di circa 2 cm di spessore. Poi disponete i cantucci nuovamente sulla teglia e informate. Dopo 7 minuti circa, controllate che stiano asciugando e, se il centro è dorato, rigirateli. Rimettete in forno e, dopo altri 7 minuti, controllate di nuovo. Fate raffreddare su una gratella e conservate in un contenitore ermetico fino al momento di servire. Sono perfetti da gustare con il caffè o da intingere nel Vin Santo.

indice delle ricette

COLAZIONE E BRUNCH

STUZZICHINI

SALSE E CONTORNI

MINESTRE E INSALATE

PIATTI PRINCIPALI

DOLCI PRELIBATEZZE

ringraziamenti

Avere dato vita a questo libro è stata un'esperienza fantastica, che mai sarebbe stata possibile senza il team di talento che abbiamo avuto a sostenerci. In particolare la nostra gratitudine va:

alla redazione della casa editrice: a Cindy Richards e Julia Charles per averci offerto l'opportunità e i consigli, e a Leslie Harrington, Sonya Nathoo, Ellen Parnavelas e Megan Smith per la dura fatica di avere dato vita alle ricette sulla carta;

a William Reavell per le meravigliose fotografie, a Rosie Reynolds per la splendida disposizione artistica dei piatti e a Jo Harris per l'eccellente ambientazione;

e infine alle nostre famiglie e alla squadra di degustatori sempre disponibili; in particolare a Rob, a Rachel e a Jon, per l'incoraggiamento e i consigli che non ci fanno mai mancare.